I0706974

ALABAMA

WORD SEARCH 1

Find the words in the grid. Words can go horizontally, vertically and diagonally in all eight directions.

M K D K Z R R C T G R E E N V I L L E N
E P E L L I V S R E T N U G X Y K R C V
L R M E S I R P R E T N E J C G K C J R
L I O D W L K R N P M O N T G O M E R Y
I C P L A V R E N L M A G U A C A L Y S
V H O E S N E E T R E M E S S E B K A A
S A L I A K D G E A Y T M B F Q M M I N
T R I F K V N E C U L L M A N L L S T K
N D S F C L A K N X Y L Q V N E U R Q H
U X Z E I Q X S E K Q T A N S L O N P K
H M D H H J E U R J L D O D A Y E J D M
A R A S C A L T O X A T E D E D B O M V
F L Y H U A A T L F N S N C S G T Q D H
H Z U B G M T N F A K A P D A H A R R M
M K U A O N H H L J F G A E A T Q Y A A
R R R B F C I C E B X G R N R D U W T R
N D I A W U T M A N N I S T O N K R M I
R L P W Z F E J R R S R K K L L K R O O
E M C N K O Z M K I T N D C T T X M R N
K A K I L E P O R O B S T T O C S W E J

ALEXANDER	CLANTON	GREENVILLE	PRICHARD
ANDALUSIA	CULLMAN	GUNTERSVILLE	SCOTTSBORO
ANNISTON	DECATUR	HUNTSVILLE	SELMA
ATHENS	DEMOPOLIS	JASPER	SHEFFIELD
ATMORE	DOTHAN	MARION	SYLACAUGA
AUBURN	ENTERPRISE	MOBILE	TALLADEGA
BESSEMER	EUFAULA	MONTGOMERY	TROY
BIRMINGHAM	FLORENCE	OPELIKA	TUSKEGEE
CHICKASAW	GADSDEN	OZARK	

WORD SEARCH 2

Find the words in the grid. Words can go horizontally, vertically and diagonally in all eight directions.

```
T Y N H G R E E N V I L L E Y A A N Y A
U O R A V M V Q B M E L I B O M T B R G
S R H E T C B A K I L E P O L L M L M U
C O L M M H N P R I C H A R D E O T T A
U B M J A O E A N N I S T O N S R N L C
M S R E A H G N C U L L M A N Y E D V A
B T E L B S G T S Y T R Y C W A C M A L
I T D L N D P N N K V D V K I D N U Q Y
A O N I Z W E E I O F H T S C E B Q P S
E C A V D A X C R M M G U G D U D G X H
C S X S E S L T A P R L Y S R L Z M U E
N H E R M A T U B T A I D N E M D N E N
E G L E O K M H A D U A B I F O T G O H
R T A T P C J M N F G R F H T S E T B R
O M M N O I T A N T U F L H V K N Z R T
L A B U L H R K L K E E A I S A T L Z Q
F R X G I C R M L H B N L U L W F R R B
M I M J S A Q K S M J L T C P T L M O R
W O N K Z J K R E M E S S E B T H N L Y
L N M O M W F Y R E S I R P R E T N E B
```

ALEXANDER	CLANTON	GREENVILLE	PRICHARD
ANDALUSIA	CULLMAN	GUNTERSVILLE	SCOTTSBORO
ANNISTON	DECATUR	HUNTSVILLE	SELMA
ATHENS	DEMOPOLIS	JASPER	SHEFFIELD
ATMORE	DOTHAN	MARION	SYLACAUGA
AUBURN	ENTERPRISE	MOBILE	TROY
BESSEMER	EUFAULA	MONTGOMERY	TUSCUMBIA
BIRMINGHAM	FLORENCE	OPELIKA	TUSKEGEE
CHICKASAW	GADSDEN	OZARK	

WORD SEARCH 3

Find the words in the grid. Words can go horizontally, vertically and diagonally in all eight directions.

```
B P E S I R P R E T N E J R R B K K K F
W E N A G U N T E R S V I L L E Y Q M F
A L X G X D B D K P R I C H A R D Y G D
S L D E Q D M O N T G O M E R Y K Q T N
A I E D A G Y C L S C O T T S B O R O T
K V M A T A G R E M E S S E B G O T R U
C S O L M D M Q Q Q T L N W G Y N U E S
I T P L O S K A N N I S T O N A M S D C
H N O A R D T N H E H Z T M L N M K N A
C U L T E E T T L G A C T C M Z Z E A L
S H I C J N T L L U N D A D J C B G X O
Y R S E K T I F B M A I A K E A V E E O
L L Y C L V C U A Q S L M T I C S E L S
A P N N N K R R Y U J K U R H L A P A A
C J L E P N I T L T R D S A I E E T E Q
A C E R P O Z A B A O F K E F B N P U R
U R J O N J D N Z T M W B Z L U W S O R
G R V L L N K O H E L I B O M M E Q J Q
A R L F A T Q A N N M C U L L M A N G P
Z J D M C M N T D L E I F F E H S T V L
```

ALEXANDER
ANDALUSIA
ANNISTON
ATHENS
ATMORE
AUBURN
BESSEMER
BIRMINGHAM
CHICKASAW

CLANTON
CULLMAN
DECATUR
DEMOPOLIS
DOTHAN
ENTERPRISE
EUFAULA
FLORENCE
GADSDEN

GREENVILLE
GUNTERSVILLE
HUNTSVILLE
JASPER
MARION
MOBILE
MONTGOMERY
OPELIKA
OZARK

PRICHARD
SCOTTSBORO
SELMA
SHEFFIELD
SYLACAUGA
TALLADEGA
TROY
TUSCALOOSA
TUSKEGEE

WORD SEARCH 4

Find the words in the grid. Words can go horizontally, vertically and diagonally in all eight directions.

T U S C U M B I A P N D R A H C I R P L
T F M Y T B P R K O P D V N J D K Y N X
G C W A Y N K T T L L J X A O Z A R K D
Y V B T H Y G N F E R A S A W K A N O L
R G J W B G A Z I K I P K V Q U E T K R
E U W M M L N F Y S E I M C B D H E C E
M N A R C H F I U R L W T U S A Z C L D
O T S B Y E U L M E Y U R D N G A N K N
G E A J H P A N P R S N A K B E T E D A
T R K S Z D D O T C I G L K W D M R E X
N S C Q N V A E A S M B Z Y H A O O M E
O V I A R N M L C T V E M W L L R L O L
M I H V T H O T U A H I L W F L E F P A
L L C P M O H R J A T E L I B A F Z O L
V L T C S M Y O R C F U N L B T B N L N
H E N A J S B Y F N R U R S E O V M I K
E S I R P R E T N E K M E L J D M J S N
X L F M B C F L G R E E N V I L L E P P
V C U L L M A N M A N N I S T O N C L J
M R E M E S S E B A N O I R A M L B X C

ALEXANDER
ANDALUSIA
ANNISTON
ATHENS
ATMORE
AUBURN
BESSEMER
BIRMINGHAM
CHICKASAW

CLANTON
CULLMAN
DECATUR
DEMOPOLIS
DOTHAN
ENTERPRISE
EUFAULA
FLORENCE
GADSDEN

GREENVILLE
GUNTERSVILLE
HUNTSVILLE
JASPER
MARION
MOBILE
MONTGOMERY
OPELIKA
OZARK

PRICHARD
SELMA
SHEFFIELD
TALLADEGA
TROY
TUSCALOOSA
TUSCUMBIA

WORD SEARCH 5

Find the words in the grid. Words can go horizontally, vertically and diagonally in all eight directions.

```
S A I B M U C S U T D C P R I C H A R D
Y K A R A L K Z C O G R E E N V I L L E
L V L K C L B W T R E M E S S E B B Q D
A A Y R I M U H C U L L M A N H L C K G
C T C A Z L A A T U S K E G E E E R D U
A M H F T N E N F N G N Y L T L L E E N
U O Y D R H O P F U T M M K L P L D M T
G R W K P T E Q O M E A A I W A Z N O E
A E N R N N C N X F R U V F I W T A P R
M V N A F Z N Y S I B S J S V A Y X O S
G A L Z V X E L O U T R U A L R N E L V
W C H O M P R N R N C L D L S E R L I I
A X T G L B O N U L A D A G D P K A S L
S D L K N R L H Y D W D D S M L E N N L
A S E H L I F G N N E H D L M M R R L E
K Q E C Q T M A Z G K A M C P Q Y O R T
C T L L A M R R A M G K E L I B O M M L
I L R H M T E S I R P R E T N E D J P V
H K J L H A U T B B A S O O L A C S U T
C R L T X N N R T A N N I S T O N W T B
```


ALEXANDER
ANDALUSIA
ANNISTON
ATHENS
ATMORE
AUBURN
BESSEMER
BIRMINGHAM
CHICKASAW

CLANTON
CULLMAN
DECATUR
DEMOPOLIS
DOTHAN
ENTERPRISE
EUFAULA
FLORENCE
GADSDEN

GREENVILLE
GUNTERSVILLE
HUNTSVILLE
JASPER
MARION
MOBILE
OPELIKA
OZARK
PRICHARD

SELMA
SYLACAUGA
TALLADEGA
TROY
TUSCALOOSA
TUSCUMBIA
TUSKEGEE

WORD SEARCH 6

Find the words in the grid. Words can go horizontally, vertically and diagonally in all eight directions.

K E L L I V S R E T N U G M X E D L M P
Z W A G B M O N T G O M E R Y L Q D A R
O A Y M A G U A C A L Y S Q Y L E E G I
R S C M L K R E M E S S E B H I C M E C
O A H N P E N V J T R H D L T V N O D H
B K Z G A D S D E N X H L Q R N E P A A
S C E S I R P R E T N E T T E E R O L R
T I M J N A N N I S T O N R D E O L L D
T H M A L L G C U L L M A N N R L I A R
O C A D R A G M N Q M M F X A G F S T R
C M S T E I L L A W G M G A X W M M E N
S V O U H C O U N H L B I N E Q T P O O
B B O S M E A N A W G S N A L M S T Z G
T M L C A P N T M F U N U X A A N A M R
T O A U T C K S U L U B I Y J A R D X N
X B C M M M T P A R U E O M L K O L Z X
X I S B O B J D R R B R M C R T T N Y K
N L U I R Y N M N P T T L F H I J M T N
K E T A E A A K I L E P O A F N B M C V
H U N T S V I L L E X M N N T L V N L L

ALEXANDER	CLANTON	GREENVILLE	PRICHARD
ANDALUSIA	CULLMAN	GUNTERSVILLE	SCOTTSBORO
ANNISTON	DECATUR	HUNTSVILLE	SELMA
ATHENS	DEMOPOLIS	JASPER	SYLACAUGA
ATMORE	DOTHAN	MARION	TALLADEGA
AUBURN	ENTERPRISE	MOBILE	TROY
BESSEMER	EUFAULA	MONTGOMERY	TUSCALOOSA
BIRMINGHAM	FLORENCE	OPELIKA	TUSCUMBIA
CHICKASAW	GADSDEN	OZARK	

WORD SEARCH 7

Find the words in the grid. Words can go horizontally, vertically and diagonally in all eight directions.

F	G	R	E	E	N	V	I	L	L	E	K	F	M	C	X	A	T	K	Y
C	W	S	R	M	O	N	T	G	O	M	E	R	Y	T	I	J	A	P	K
N	A	R	Y	A	N	N	I	S	T	O	N	H	F	S	T	D	L	R	L
D	A	K	L	L	R	E	M	E	S	S	E	B	U	W	U	E	L	I	N
N	E	T	I	D	A	Y	C	Y	Q	Q	K	L	R	A	S	M	A	C	F
A	R	C	H	L	G	C	T	N	J	R	A	L	N	S	C	O	D	H	N
D	L	Y	A	E	E	K	A	T	Y	D	B	E	V	A	A	P	E	A	H
L	E	U	L	T	N	P	T	U	N	D	D	N	K	K	L	O	G	R	U
E	C	R	A	F	U	S	O	A	G	S	H	N	R	C	O	L	A	D	N
I	N	E	J	F	H	R	M	K	D	A	Y	G	A	I	O	I	L	N	T
F	E	D	M	B	U	X	X	A	F	T	Y	T	Z	H	S	S	O	F	S
F	R	N	K	A	A	E	G	T	N	M	V	K	O	C	A	T	R	Z	V
E	O	A	N	M	H	D	W	K	Z	O	W	T	R	T	N	X	O	H	I
H	L	X	L	K	O	G	M	Z	M	R	J	L	W	A	R	K	B	K	L
S	F	E	X	T	A	A	N	T	T	E	Z	A	L	V	N	C	S	D	L
L	S	L	H	U	R	W	R	I	L	G	N	C	S	Z	Q	B	T	Q	E
L	W	A	B	I	R	O	L	P	M	E	S	I	R	P	R	E	T	N	E
F	N	U	O	F	Y	M	N	V	Z	R	Y	G	T	W	E	Y	O	G	T
Q	R	N	G	U	N	T	E	R	S	V	I	L	L	E	W	R	C	M	X
N	C	U	L	L	M	A	N	K	E	L	I	B	O	M	W	X	S	L	Z

ALEXANDER
ANDALUSIA
ANNISTON
ATHENS
ATMORE
AUBURN
BESSEMER
BIRMINGHAM
CHICKASAW

CLANTON
CULLMAN
DECATUR
DEMOPOLIS
DOTHAN
ENTERPRISE
EUFAULA
FLORENCE
GADSDEN

GREENVILLE
GUNTERSVILLE
HUNTSVILLE
JASPER
MARION
MOBILE
MONTGOMERY
OPELIKA
OZARK

PRICHARD
SCOTTSBORO
SELMA
SHEFFIELD
SYLACAUGA
TALLADEGA
TROY
TUSCALOOSA

WORD SEARCH 8

Find the words in the grid. Words can go horizontally, vertically and diagonally in all eight directions.

```
H E L L X L T R O R A C Z R K A D B H H
D C W Y M L D P K I Q D K M U R B B Z D
L N J A R Q E W S J A Y E B O H A D X R
M E J N S L R U Z Q K T U M Q B O Z T A
L R P R I A L M F T R R H W O T I N O H
J O F K T A K R V C N A L E H P O L N C
H L A K D G P C K X C R L A N I O A E I
S F Q N Q A N N I S T O N U R S M L N R
C R A F M M B A W H N R B A A L J E I P
O E S S O A I I D N C T M K L F D P R S
T D Y H N T R B K O L Y R U V S U W N N
T N L E T M M M J T F Y C O D Q H E K L
S A A F G O I U A N N V Q A Y S E L M A
B X C F O R N C S A M M G M J X Y J X N
O E A I M E G S P L G R E E N V I L L E
R L U E E K H U E C T A L L A D E G A L
O A G L R F A T R M L X R E M E S S E B
R T A D Y W M E S I R P R E T N E K J K
E L L I V S R E T N U G E E G E K S U T
J K D E C A T U R E L L I V S T N U H P
```

ALEXANDER
ANDALUSIA
ANNISTON
ATHENS
ATMORE
AUBURN
BESSEMER
BIRMINGHAM
CHICKASAW

CLANTON
CULLMAN
DECATUR
DEMOPOLIS
DOTHAN
ENTERPRISE
EUFAULA
FLORENCE
GADSDEN

GREENVILLE
GUNTERSVILLE
HUNTSVILLE
JASPER
MARION
MOBILE
MONTGOMERY
OPELIKA
OZARK

PRICHARD
SCOTTSBORO
SELMA
SHEFFIELD
SYLACAUGA
TALLADEGA
TROY
TUSCUMBIA
TUSKEGEE

WORD SEARCH 9

Find the words in the grid. Words can go horizontally, vertically and diagonally in all eight directions.

C G V K L D N M O N T G O M E R Y T L L
H T N N O O Z B L H X N B C U L L M A N
P K T T T U S K E G E E Y O R T L W E E
T G H N L F R E S I R P R E T N E D T C
F A A H R E L L I V S T N U H T S A B N
N L F J L S Y L A C A U G A X D L T A E
C E K C R R A N N I S T O N A L A U T R
T L G R E E N V I L L E J G A I B S S O
W L L R E M E S S E B W V D S U P C H L
L I P R I C H A R D M R E U R G T U E F
G V O Z R W N M C L Z G L N M C W M F T
D S R W E T C V A G A A W O A K C B F W
E R O M D L Y D D H D T B B R K H I I A
M E B J N A A V E N G I H A I Y Q A E S
O T S M A S L K A C L N Z E O L H T L A
P N T Q X S E U I E A O I Y N F F M D K
O U T Z E C P L A L Y T N M M S Y O M C
L G O R L L W E M F E D U K R K M R R I
I W C V A M V Y R A U P N R M I L E J H
S M S M N M M Z K V G E O M C N B R W C

ALEXANDER	CLANTON	GREENVILLE	PRICHARD
ANDALUSIA	CULLMAN	GUNTERSVILLE	SCOTTSBORO
ANNISTON	DECATUR	HUNTSVILLE	SELMA
ATHENS	DEMOPOLIS	JASPER	SHEFFIELD
ATMORE	DOTHAN	MARION	SYLACAUGA
AUBURN	ENTERPRISE	MOBILE	TALLADEGA
BESSEMER	EUFAULA	MONTGOMERY	TROY
BIRMINGHAM	FLORENCE	OPELIKA	TUSCUMBIA
CHICKASAW	GADSDEN	OZARK	TUSKEGEE

WORD SEARCH 10

Find the words in the grid. Words can go horizontally, vertically and diagonally in all eight directions.

```
M T Z B T R E M E S S E B K L Y G H T R
N B D S C O T T S B O R O A Z V R L D W
Z H E M N J W N X M R L M T S Q N L B A
J N M H O W A T R A K P Y M Y D N K N S
H O O M G N R S I Y L M N O L W D O E A
U P P P A D T S P D O U F R A W T E L K
N E O C R H U G N E L R A E C N U C L C
T L L P R L G E O B R D T F A G S N I I
S I I T A H D N D M O T K L U N C E V H
V K S D K S A R I T E D C R G E A R S C
I A N D D U A T H M S R L E A L L O R T
L A R A B H U A H E R Z Y D W Z O L E G
L Y G U C S N K L E L I K N E W O F T B
E Z R I K M H M J Z N K B A J C S Z N D
C N R E A Z A B P P Q S X X L K A L U W
M P G R E E N V I L L E X E G K P T G W
K E I T E L I B O M M C U L L M A N U C
E O N T D L E I F F E H S A F V K C X R
N N C J X R C C A N N I S T O N T J F M
B F J Q Y R X N E S I R P R E T N E V X
```

ALEXANDER	CLANTON	GREENVILLE	PRICHARD
ANDALUSIA	CULLMAN	GUNTERSVILLE	SCOTTSBORO
ANNISTON	DECATUR	HUNTSVILLE	SELMA
ATHENS	DEMOPOLIS	JASPER	SHEFFIELD
ATMORE	DOTHAN	MARION	SYLACAUGA
AUBURN	ENTERPRISE	MOBILE	TROY
BESSEMER	EUFAULA	MONTGOMERY	TUSCALOOSA
BIRMINGHAM	FLORENCE	OPELIKA	TUSKEGEE
CHICKASAW	GADSDEN	OZARK	

SOLUTION

WORD SEARCH 1

```
M K D K Z R R C T G R E E N V I L L E N
E P E L L I V S R E T N U G X Y K R C V
L R M E S I R P R E T N E J C G K C J R
L I O D W L K R N P M O N T G O M E R Y
I C P L A V R E N L M A G U A C A L Y S
V H O E S N E E T R E M E S S E B K A A
S A L I A K D G E A Y T M B F Q M M I N
T R I F K V N E C U L L M A N L L S T K
N D S F C L A K N X Y L Q V N E U R Q H
U X Z E I Q X S E K Q T A N S L O N P K
H M D H H J E U R J L D O D A Y E J D M
A R A S C A L T O X A T E D E D B O M V
F L Y H U A A T L F N S N C S G T Q D H
H Z U B G M T N F A K A P D A H A R R M
M K U A O N H H L J F G A E A T Q Y A A
R R R B F C I C E B X G R N R D U W T R
N D I A W U T M A N N I S T O N K R M I
R L P W Z F E J R R S R K K L L K R O O
E M C N K O Z M K I T N D C T T X M R N
K A K I L E P O R O B S T T O C S W E J
```

WORD SEARCH 2

```
T Y N H G R E E N V I L L E Y A A N Y A
U O R A V M V Q B M E L I B O M T B R G
S R H E T C B A K I L E P O L L M L M U
C O L M M H N P R I C H A R D E O T T A
U B M J A O E A N N I S T O N S R N L C
M S R E A H G N C U L L M A N Y E D V A
B T E L B S G T S Y T R Y C W A C M A L
I T D L N D P N N K V D V K I D N U Q Y
A O N I Z W E E I O F H T S C E B Q P S
E C A V D A X C R M M G U G D U D G X H
C S X S E S L T A P R L Y S R L Z M U E
N H E R M A T U B T A I D N E M D N E N
E G L E O K M H A D U A B I F O T G O H
R T A T P C J M N F G R F H T S E T B R
O M M N O I T A N T U F L H V K N Z R T
L A B U L H R K L K E E A I S A T L Z Q
F R X G I C R M L H B N L U L W F R R B
M I M J S A Q K S M J L T C P T L M O R
W O N K Z J K R E M E S S E B T H N L Y
L N M O M W F Y R E S I R P R E T N E B
```

WORD SEARCH 3

B P E S I R P R E T N E J R R B K K K F

W E N A G U N T E R S V I L L E Y Q M F

A L X G X D B D K P R I C H A R D Y G D

S L D E Q D M O N T G O M E R Y K Q T N

A I E D A G Y C L S C O T T S B O R O T

K V M A T A G R E M E S S E B G O T R U

C S O L M D M Q Q Q T L N W G Y N U E S

I T P L O S K A N N I S T O N A M S D C

H N O A R D T N H E H Z T M L N M K N A

C U L T E E T T L G A C T C M Z Z E A L

S H I C J N T L L U N D A D J C B G X O

Y R S E K T I F B M A I A K E A V E E O

L L Y C L V C U A Q S L M T I C S E L S

A P N N N K R R Y U J K U R H L A P A A

C J L E P N I T L T R D S A I E E T E Q

A C E R P O Z A B A O F K E F B N P U R

U R J O N J D N Z T M W B Z L U W S O R

G R V L L N K O H E L I B O M M E Q J Q

A R L F A T Q A N N M C U L L M A N G P

Z J D M C M N T D L E I F F E H S T V L

WORD SEARCH 4

T U S C U M B I A P N D R A H C I R P L

T F M Y T B P R K O P D V N J D K Y N X

G C W A Y N K T T L L J X A O Z A R K D

Y V B T H Y G N F E R A S A W K A N O L

R G J W B G A Z I K I P K V Q U E T K R

E U W M M L N F Y S E I M C B D H E C E

M N A R C H F I U R L W T U S A Z C L D

O T S B Y E U L M E Y U R D N G A N K N

G E A J H P A N P R S N A K B E T E D A

T R K S Z D D O T C I G L K W D M R E X

N S C Q N V A E A S M B Z Y H A O O M E

O V I A R N M L C T V E M W L L R L O L

M I H V T H O T U A H I L W F L E F P A

L L C P M O H R J A T E L I B A F Z O L

V L T C S M Y O R C F U N L B T B N L N

H E N A J S B Y F N R U R S E O V M I K

E S I R P R E T N E K M E L J D M J S N

X L F M B C F L G R E E N V I L L E P P

V C U L L M A N M A N N I S T O N C L J

M R E M E S S E B A N O I R A M L B X C

WORD SEARCH 5

S A I B M U C S U T D C P R I C H A R D
Y K A R A L K Z C O G R E E N V I L L E
L V L K C L B W T R E M E S S E B B Q D
A A Y R I M U H C U L L M A N H L C K G
C T C A Z L A A T U S K E G E E E R D U
A M H F T N E N F N G N Y L T L L E E N
U O Y D R H O P F U T M M K L P L D M T
G R W K P T E Q O M E A A I W A Z N O E
A E N R N N C N X F R U V F I W T A P R
M V N A F Z N Y S I B S J S V A Y X O S
G A L Z V X E L O U T R U A L R N E L V
W C H O M P R N R N C L D L S E R L I I
A X T G L B O N U L A D A G D P K A S L
S D L K N R L H Y D W D D S M L E N N L
A S E H L I F G N N E H D L M M R R L E
K Q E C Q T M A Z G K A M C P Q Y O R T
C T L L A M R R A M G K E L I B O M M L
I L R H M T E S I R P R E T N E D J P V
H K J L H A U T B B A S O O L A C S U T
C R L T X N N R T A N N I S T O N W T B

WORD SEARCH 6

K E L L I V S R E T N U G M X E D L M P
Z W A G B M O N T G O M E R Y L Q D A R
O A Y M A G U A C A L Y S Q Y L E E G I
R S C M L K R E M E S S E B H I C M E C
O A H N P E N V J T R H D L T V N O D H
B K Z G A D S D E N X H L Q R N E P A A
S C E S I R P R E T N E T T E E R O L R
T I M J N A N N I S T O N R D E O L L D
T H M A L L G C U L L M A N N R L I A R
O C A D R A G M N Q M M F X A G F S T R
C M S T E I L L A W G M G A X W M M E N
S V O U H C O U N H L B I N E Q T P O O
B B O S M E A N A W G S N A L M S T Z G
T M L C A P N T M F U N U X A A N A M R
T O A U T C K S U L U B I Y J A R D X N
X B C M M M T P A R U E O M L K O L Z X
X I S B O B J D R R B R M C R T T N Y K
N L U I R Y N M N P T T L F H I J M T N
K E T A E A A K I L E P O A F N B M C V
H U N T S V I L L E X M N N T L V N L L

WORD SEARCH 7

F G R E E N V I L L E K F M C X A T K Y
C W S R M O N T G O M E R Y T I J A P K
N A R Y A N N I S T O N H F S T D L R L
D A K L L R E M E S S E B U W U E L I N
N E T I D A Y C Y Q Q K L R A S M A C F
A R C H L G C T N J R A L N S C O D H N
D L Y A E E K A T Y D B E V A A P E A H
L E U L T N P T U N D D N K K L O G R U
E C R A F U S O A G S H N R C O L A D N
I N E J F H R M K D A Y G A I O I L N T
F E D M B U X X A F T Y T Z H S S O F S
F R N K A A E G T N M V K O C A T R Z V
E O A N M H D W K Z O W T R T N X O H I
H L X L K O G M Z M R J L W A R K B K L
S F E X T A A N T T E Z A L V N C S D L
L S L H U R W R I L G N C S Z Q B T Q E
L W A B I R O L P M E S I R P R E T N E
F N U O F Y M N V Z R Y G T W E Y O G T
Q R N G U N T E R S V I L L E W R C M X
N C U L L M A N K E L I B O M W X S L Z

WORD SEARCH 8

H E L L X L T R O R A C Z R K A D B H H
D C W Y M L D P K I Q D K M U R B B Z D
L N J A R Q E W S J A Y E B O H A D X R
M E J N S L R U Z Q K T U M Q B O Z T A
L R P R I A L M F T R R H W O T I N O H
J O F K T A K R V C N A L E H P O L N C
H L A K D G P C K X C R L A N I O A E I
S F Q N Q A N N I S T O N U R S M L N R
C R A F M M B A W H N R B A A L J E I P
O E S S O A I I D N C T M K L F D P R S
T D Y H N T R B K O L Y R U V S U W N N
T N L E T M M M J T F Y C O D Q H E K L
S A A F G O I U A N N V Q A Y S E L M A
B X C F O R N C S A M M G M J X Y J X N
O E A I M E G S P L G R E E N V I L L E
R L U E E K H U E C T A L L A D E G A L
O A G L R F A T R M L X R E M E S S E B
R T A D Y W M E S I R P R E T N E K J K
E L L I V S R E T N U G E E G E K S U T
J K D E C A T U R E L L I V S T N U H P

WORD SEARCH 9

C G V K L D N M O N T G O M E R Y T L L
H T N N O O Z B L H X N B C U L L M A N
P K T T T U S K E G E E Y O R T L W E E
T G H N L F R E S I R P R E T N E D T C
F A A H R E L L I V S T N U H T S A B N
N L F J L S Y L A C A U G A X D L T A E
C E K C R R A N N I S T O N A L A U T R
T L G R E E N V I L L E J G A I B S S O
W L L R E M E S S E B W V D S U P C H L
L I P R I C H A R D M R E U R G T U E F
G V O Z R W N M C L Z G L N M C W M F T
D S R W E T C V A G A A W O A K C B F W
E R O M D L Y D D H D T B B R K H I I A
M E B J N A A V E N G I H A I Y Q A E S
O T S M A S L K A C L N Z E O L H T L A
P N T Q X S E U I E A O I Y N F F M D K
O U T Z E C P L A L Y T N M M S Y O M C
L G O R L L W E M F E D U K R K M R R I
I W C V A M V Y R A U P N R M I L E J H
S M S M N M M Z K V G E O M C N B R W C

WORD SEARCH 10

M T Z B T R E M E S S E B K L Y G H T R
N B D S C O T T S B O R O A Z V R L D W
Z H E M N J W N X M R L M T S Q N L B A
J N M H O W A T R A K P Y M Y D N K N S
H O O M G N R S I Y L M N O L W D O E A
U P P P A D T S P D O U F R A W T E L K
N E O C R H U G N E L R A E C N U C L C
T L L P R L G E O B R D T F A G S N I I
S I I T A H D N D M O T K L U N C E V H
V K S D K S A R I T E D C R G E A R S C
I A N D D U A T H M S R L E A L L O R T
L A R A B H U A H E R Z Y D W Z O L E G
L Y G U C S N K L E L I K N E W O F T B
E Z R I K M H M J Z N K B A J C S Z N D
C N R E A Z A B P P Q S X X L K A L U W
M P G R E E N V I L L E X E G K P T G W
K E I T E L I B O M M C U L L M A N U C
E O N T D L E I F F E H S A F V K C X R
N N C J X R C C A N N I S T O N T J F M
B F J Q Y R X N E S I R P R E T N E V X

ARIZONA

WORD SEARCH 11

Find the words in the grid. Words can go horizontally, vertically and diagonally in all eight directions.

```
T M E R C N D J T Q W P D A M U Y L K L
T T R C N T D T R L W T O M B S T O N E
C T O V N Z T N B I S B E E P L V N Q X
V X R C P E F K E M X K I N G M A N N B
Z L C W S V R L W W C L W F V R X W X C
T J T H N E A O X I N E O H P W R Q L T
M Z Y Y A D R B L L N T K X Z N K H F E
T L R L N N G P T F M L U K Q Y R T N L
Q K N O K O D V M M L Y R C C W O V O A
C L V K R B C L V X K L W Q S K J H G D
Y A Q A J F D X E L V P A K J O A W A S
H G I K R J J L B R L H L K H W N N L T
K B X N K G D M P X N F P N I E C C E T
I J B H K O G T E K D Q I N X L L K S O
B B H M U P E W D S M L S L Z A I P Z C
J H Y G W P R M C L A L P T E D F C T S
K T L P M C N F L V O T R B C N T Q V C
F A X E L T K N C W T M O H N E O V G C
S H T D J T M K R M D L Z W M L N J V M
D F F A T S G A L F G H T K F G C P R P
```

AJO	GLENDALE	SCOTTSDALE
AVONDALE	GLOBE	TEMPE
BISBEE	KINGMAN	TOMBSTONE
CHANDLER	MESA	TUCSON
CLIFTON	NOGALES	WALPI
DOUGLAS	ORAIBI	WINSLOW
FLAGSTAFF	PHOENIX	YUMA
FLORENCE	PRESCOTT	

WORD SEARCH 12

Find the words in the grid. Words can go horizontally, vertically and diagonally in all eight directions.

```
T T O M B S T O N E D C J N T L T R Y R
P M E M L L T T F F A T S G A L F K Q B
Y F R C T J T T P M Q W T Y E E G R X Q
P W X L N X I N E O H P N L L L F T C L
T M N I Q E Z J E V W M A K E A H N L Q
Y L M F T M R B N L G D N P V D R O T Z
C M Z T L W O O Y C N M M M Y S K G Q C
L W N O N L Y L L O L E P K D T E A O N
C Y Q N G R V Q V F T F R D W T L L J P
T H L R T K O A M T Y C O M W O A E A W
L N A W Z R T K C T K U N I R C D S T Z
D T J N A G V U X X G C N V J S N J K T
W H T I D R Z N C L B S D N F L E Y L T
W J B O F L D R A S L J Z M W N L K L Z
A I Q N C B E S C O O Y N Q M R G N T D
L L X M G S K R W R G N L R N R T Q P D
P J W N E F E T B I S B E E Y N B Y X F
I R Q Y L S H R W K J K I N G M A N R L
P F Y L M L A T P J B K B L R D F T L W
F X N R R Z W A M U Y D Y R L W J P B D
```

AJO	GLENDALE	SCOTTSDALE
AVONDALE	GLOBE	TEMPE
BISBEE	KINGMAN	TOMBSTONE
CHANDLER	MESA	TUCSON
CLIFTON	NOGALES	WALPI
DOUGLAS	ORAIBI	WINSLOW
FLAGSTAFF	PHOENIX	YUMA
FLORENCE	PRESCOTT	

WORD SEARCH 13

Find the words in the grid. Words can go horizontally, vertically and diagonally in all eight directions.

```
C D E Q W W T R T O M B S T O N E L G X
C H L Y J N J Q R X O P V K Q A M U Y N
B Z A T Q C M K W D J J M K T L R D M D
E K D N T B Q N N Z A C X X B I S B E E
L R S N D D X R K I N G M A N K M M W R
A Z T Q H L D E F F A T S G A L F G A V
D R T X M Z E H C Q B J C Y F L P M L J
N M O Z C N K R E N W X I N E O H P P B
E D C C P L N L B L E R R R J K R K I T
L H S D G H A C V T L R T M M M B R G R
G Y X M F D W Z P R T L O N E K Z N K B
Z Z C J N I H V R G M O N L T S E K G L
Q Z H O N L T N M K B L C D F P A L C N
F L V S X K O U T J K D O S M V B P L O
F A L K B R E N C L D U M E E Y T V I G
L O X H A B K Z N S G L T N M R J N F A
W K D I O V B D Y L O J N R N Q P P T L
J T B L N C C J A M X N Y L K L K M O E
R I G V T R K S Z G D Y M K Q B Q N N S
Z D N C J C L M N K M R Z N M L V K N J
```

AJO	GLENDALE	SCOTTSDALE
AVONDALE	GLOBE	TEMPE
BISBEE	KINGMAN	TOMBSTONE
CHANDLER	MESA	TUCSON
CLIFTON	NOGALES	WALPI
DOUGLAS	ORAIBI	WINSLOW
FLAGSTAFF	PHOENIX	YUMA
FLORENCE	PRESCOTT	

WORD SEARCH 14

Find the words in the grid. Words can go horizontally, vertically and diagonally in all eight directions.

```
T E F N C G V Z N C G B J Z C L L M W Y
T U C T F Z D H J L H M L K N L X H N N
R T C N R J K W T I N A E T M C Y H O Q
E W O S E N P W V F H M N S T L P R G Q
L T B C O R I W F T T G T D A C E H A R
A D K G S N O T T O R B V K L L F H L M
D V V Z S E T L D N Z G L M A E T R E Z
S N K L F V R M F K R D Y D O G R G S M
T W O L K G L P K P M T N B J X F W P N
T W L R X K R L Q X T O Y M A K L X E M
O A C W L Z W M G M V Q T R F R N O L N
C L B I S B E E E A N N R W Y T R W A V
S P M V N Z P B P G W W X L P A D R D B
M I D X T M O N P T A M U Y I O G J N N
R J M C E L M J D V Y B K B U L R Z E Z
H P R T G X Z D G B R T I G L C G G L H
C F F A T S G A L F Z N L M H G L F G Q
N T O M B S T O N E L A T R B J C M K M
X T D K I N G M A N S N R J T N T B C V
M X R X D X I N E O H P F L C C Z L R M
```

AJO
AVONDALE
BISBEE
CHANDLER
CLIFTON
DOUGLAS
FLAGSTAFF
FLORENCE

GLENDALE
GLOBE
KINGMAN
MESA
NOGALES
ORAIBI
PHOENIX
PRESCOTT

SCOTTSDALE
TEMPE
TOMBSTONE
TUCSON
WALPI
WINSLOW
YUMA

WORD SEARCH 15

Find the words in the grid. Words can go horizontally, vertically and diagonally in all eight directions.

```
L K W T Q T O M B S T O N E F B V J G C
V W K H U G Q E Y T M N F N D K W Y K M
H V Z G T C L D F R N R M R M M A M Q T
M J L R D A S Q T C K K T M Q N L K K V
D R F Y D M Y O K T H E P M R B P V X E
R B R N B M F B N H O A C L N L I Q V L
N W O P B F H T W T C C N N N L N W P A
T V P C K K C K N M Y D S D E J X D K D
A F Y Q M N L D O G M Q R E L R F G R S
J J N G K K I N G M A N B X R E O Z D T
E C A M U Y F L A D X J P W N P R L F T
L K Z M W G T T L T G X I N E O H P F O
A F K J E J O J E L P H W B I S B E E C
D R O J M S N Q S F V I L D X N O D K S
N L J K G L A Q D L N R M H T R O E R N
E Z A L E F F A T S G A L F A U B M R Q
L M M P H V N X L T K L G I G O K Y G L
G V M D X N X O V W R W B L L Q D B X D
D E T R H P W Z K K L I A G W R J K H V
T Z N H G J Z N M T P S R Z N J N Y L L
```

AJO
AVONDALE
BISBEE
CHANDLER
CLIFTON
DOUGLAS
FLAGSTAFF
FLORENCE
GLENDALE
GLOBE
KINGMAN
MESA
NOGALES
ORAIBI
PHOENIX
PRESCOTT
SCOTTSDALE
TEMPE
TOMBSTONE
TUCSON
WALPI
WINSLOW
YUMA

WORD SEARCH 16

Find the words in the grid. Words can go horizontally, vertically and diagonally in all eight directions.

```
N W R X I N E O H P E R K T B B V T W Q
F J N W Z N L D M B Z E Z F U M B I T E
T C V T Q X M K O R C L M Z V C N L L L
T T H L T V B L K K K A E Q Q S S A T G
N Z M A M O G K J L M D N C L Q D O L M
K F N E N W C P X R B S Z O N N X M N B
T V O M S D K S X Y N T W D O E X O M T
R T G M B A L R E T K T J V V D R P V V
B L A B V F K E Y R Z O A H O A V O N C
D L L N Y F R C R T P C Z U I T C X L R
T J E M D E Y L N K K S G B L Q R P P F
T G S R P L G I W M X L I Q F C M W K W
M F L M Q A Z F W V A N W J Y K V G T V
H X E T H D D T A S L T K I N G M A N H
Q T H T Q N H O L F F A T S G A L F D W
D M V J Q E L N P J Z C Y W M Y H X L L
M Q K Y D L K T I N T O M B S T O N E L
O T B K L G G R P M K L L B V R W J X P
J P W J R G D N J M H Q X B R H M N M H
A M U Y L L N W W M L D B I S B E E V N
```

AJO
AVONDALE
BISBEE
CHANDLER
CLIFTON
DOUGLAS
FLAGSTAFF
FLORENCE

GLENDALE
GLOBE
KINGMAN
MESA
NOGALES
ORAIBI
PHOENIX
PRESCOTT

SCOTTSDALE
TEMPE
TOMBSTONE
TUCSON
WALPI
WINSLOW
YUMA

WORD SEARCH 17

Find the words in the grid. Words can go horizontally, vertically and diagonally in all eight directions.

```
J N M W T V L T R B W Z D R K T L W J R
K F J M Q X L D B J Z O J M D K K A L F
K X I N E O H P R C U Q E M Y Q F L Y H
L Z N Q J M R V N G J B W D Q K O P Q Q
Y E O G R K L H L C O O E B V R G I Z T
P L G Y Y Y X A Y L N J W C A L J M P W
Z A A C C D S N G T T A X I N E M Z H G
L D L L N H P P N M W T B H L E N Z W B
T N E I N X A J G I M I O A D Z R W L X
E E S F L T K N N Y F B D C N K R O T H
L L W T H J U S D L M N Z G S X M M L V
A G B O L F L C L L O E T N H E J W K F
D R P N V O D W S V E L S W R Y R T T W
S C X L W N L N A O L R N A M R Y P B N
T L M N C J Z M R B N B I S B E E L N R
T F F A T S G A L F V B J T D F G G P E
O M H M C N Y K I N G M A N T Q Q L P F
C N M K V R K P M H Q W M R F R J M T M
S T O M B S T O N E X N P T V B E P R V
N K V H A M U Y G M K R G M M T T X W Q
```

AJO	GLENDALE	SCOTTSDALE
AVONDALE	GLOBE	TEMPE
BISBEE	KINGMAN	TOMBSTONE
CHANDLER	MESA	TUCSON
CLIFTON	NOGALES	WALPI
DOUGLAS	ORAIBI	WINSLOW
FLAGSTAFF	PHOENIX	YUMA
FLORENCE	PRESCOTT	

WORD SEARCH 18

Find the words in the grid. Words can go horizontally, vertically and diagonally in all eight directions.

W N M X I N E O H P F T H T R H Y V T H
F F A T S G A L F F T D B Y G T H G D R
Z E Q E R Y N Y L O X V E R J D X L N T
N L P C C K G J C M T L M M M H D C H G
N A F C W N P S Q T A M U Y C E K R M C
M D M L Z B E W R D R D E F L Y S Y Z W
M N F W Y R I R N L M B H R W N N A Z D
R E T L P N N O O C O N O N A O T M E N
T L M Y S G V O J L Z T J M L G W D L R
D G M L K A R W G T F B A N P A R X A N
J P O Z H A R M J C C K N K I L R F D X
J W D Z I P D Y K L B H P V D E X L S Z
T O M B S T O N E I N N A M Q S X D T Y
J B I S B E E X W F K T X N T N O Z T L
J F Z T D D P H R T N F U B D U L T O W
K K N R L L X M R O G M H C G L D H C X
T M Q T J X J D E N K T B L S R E W S R
Z H K Z W X H B V T C K A V L O R R K Y
L R K D B M Q L T W Q S K K K J N K F W
W B G K T L L Z K I N G M A N L B L C Z

AJO
AVONDALE
BISBEE
CHANDLER
CLIFTON
DOUGLAS
FLAGSTAFF
FLORENCE
GLENDALE
GLOBE
KINGMAN
MESA
NOGALES
ORAIBI
PHOENIX
PRESCOTT
SCOTTSDALE
TEMPE
TOMBSTONE
TUCSON
WALPI
WINSLOW
YUMA

WORD SEARCH 19

Find the words in the grid. Words can go horizontally, vertically and diagonally in all eight directions.

```
L N C C Q P G F T Q K B H M H L H W X F
M O M H K G K V P M D X O B H K D X E T
Y G M K A W G N D N K R M X K F T B R T
T A F F R N V M W X A P B G J E O H N L
N L H T W D D K Y I V V Q B G L P B P R
P E N T N J R L B F F N C K G K Z M N D
M S L L K E N I E H T X I N E O H P E M
L T D P Q L W L R R F F A T S G A L F T
F D X F P A A N V N N X N M M K G T Z V
T R F O L D L R X S C O T T S D A L E V
R U T J D N P M B I S B E E D E L K N J
Y E C A G E I A M U Y Z C O L X T Y E K
L P C S Z L Q W L T P X U A N D L J N V
C N P N O G I W T H K G D M T N L K O N
L C T V E N T O V T L N H L E L V F T M
I H H D S R C K K A O T X K N S M R S Y
F Q N L P S O B S V Q K L F R M A D B F
T Y O J E D W L A K T T T Z M N L C M M
O W M R D R Q W F T W N L Y K Y V Y O T
N N P C J J D K I N G M A N V W Q J T P
```

AJO
AVONDALE
BISBEE
CHANDLER
CLIFTON
DOUGLAS
FLAGSTAFF
FLORENCE

GLENDALE
GLOBE
KINGMAN
MESA
NOGALES
ORAIBI
PHOENIX
PRESCOTT

SCOTTSDALE
TEMPE
TOMBSTONE
TUCSON
WALPI
WINSLOW
YUMA

WORD SEARCH 20

Find the words in the grid. Words can go horizontally, vertically and diagonally in all eight directions.

W V W M R A M U Y N R M L E E Y R R X C
T P K V R K R R T T D D B L D B W Q R H
K T H Y C V M M N B D O A B N I L E G Z
C K T F B I S B E E L D X Q N B P H M M
N Q P O L R T W D G N G G S R M H L Q B
Q W D W C X K O H O M M L M E O P L D H
E R Y O N S U L V M Y O W T R T K K R K
L R Q J T G E A V N W F F A T S G A L F
A L T A L N N R B B T F I V N L K V F F
D G Z A Y P K D P L Z B X C T R Q E M H
S L S R N Q K C W N I K W M V P T L L C
T F T R Y T C L A O K C M T R K D A N C
T M C U L T T I L G E M H T B J J D D P
O B V M C X N F P A T C E A F V R N L C
C L B B T S P T I L R W N S N D Y E P Y
S L X J F T O O P E K Y L E A D N L K T
K B K R M M N N N S Q H Z V R N L G N L
K I N G M A N C B T O M B S T O N E P F
Y Z M L M N Q M C B X L C P F R L Z R L
Y W N P X I N E O H P K R P H L T F R H

AJO
AVONDALE
BISBEE
CHANDLER
CLIFTON
DOUGLAS
FLAGSTAFF
FLORENCE
GLENDALE
GLOBE
KINGMAN
MESA
NOGALES
ORAIBI
PHOENIX
PRESCOTT
SCOTTSDALE
TEMPE
TOMBSTONE
TUCSON
WALPI
WINSLOW
YUMA

SOLUTION

WORD SEARCH 11

T M E R C N D J T Q W P D A M U Y L K L
T T R C N T D T R L W T O M B S T O N E
C T O V N Z T N B I S B E E P L V N Q X
V X R C P E F K E M X K I N G M A N N B
Z L C W S V R L W W C L W F V R X W X C
T J T H N E A O X I N E O H P W R Q L T
M Z Y Y A D R B L L N T K X Z N K H F E
T L R L N N G P T F M L U K Q Y R T N L
Q K N O K O D V M M L Y R C C W O V O A
C L V K R B C L V X K L W Q S K J H G D
Y A Q A J F D X E L V P A K J O A W A S
H G I K R J J L B R L H L K H W N N L T
K B X N K G D M P X N F P N I E C C E T
I J B H K O G T E K D Q I N X L L K S O
B B H M U P E W D S M L S L Z A I P Z C
J H Y G W P R M C L A L P T E D F C T S
K T L P M C N F L V O T R B C N T Q V C
F A X E L T K N C W T M O H N E O V G C
S H T D J T M K R M D L Z W M L N J V M
D F F A T S G A L F G H T K F G C P R P

WORD SEARCH 12

T T O M B S T O N E D C J N T L T R Y R
P M E M L L T T F F A T S G A L F K Q B
Y F R C T J T T P M Q W T Y E E G R X Q
P W X L N X I N E O H P N L L L F T C L
T M N I Q E Z J E V W M A K E A H N L Q
Y L M F T M R B N L G D N P V D R O T Z
C M Z T L W O O Y C N M M M Y S K G Q C
L W N O N L Y L L O L E P K D T E A O N
C Y Q N G R V Q V F T F R D W T L L J P
T H L R T K O A M T Y C O M W O A E A W
L N A W Z R T K C T K U N I R C D S T Z
D T J N A G V U X X G C N V J S N J K T
W H T I D R Z N C L B S D N F L E Y L T
W J B O F L D R A S L J Z M W N L K L Z
A I Q N C B E S C O O Y N Q M R G N T D
L L X M G S K R W R G N L R N R T Q P D
P J W N E F E T B I S B E E Y N B Y X F
I R Q Y L S H R W K J K I N G M A N R L
P F Y L M L A T P J B K B L R D F T L W
F X N R R Z W A M U Y D Y R L W J P B D

WORD SEARCH 13

C D E Q W W T R T O M B S T O N E L G X
C H L Y J N J Q R X O P V K Q A M U Y N
B Z A T Q C M K W D J J M K T L R D M D
E K D N T B Q N N Z A C X X B I S B E E
L R S N D D X R K I N G M A N K M M W R
A Z T Q H L D E F F A T S G A L F G A V
D R T X M Z E H C Q B J C Y F L P M L J
N M O Z C N K R E N W X I N E O H P P B
E D C C P L N L B L E R R R J K R K I T
L H S D G H A C V T L R T M M M B R G R
G Y X M F D W Z P R T L O N E K Z N K B
Z Z C J N I H V R G M O N L T S E K G L
Q Z H O N L T N M K B L C D F P A L C N
F L V S X K O U T J K D O S M V B P L O
F A L K B R E N C L D U M E E Y T V I G
L O X H A B K Z N S G L T N M R J N F A
W K D I O V B D Y L O J N R N Q P P T L
J T B L N C C J A M X N Y L K L K M O E
R I G V T R K S Z G D Y M K Q B Q N N S
Z D N C J C L M N K M R Z N M L V K N J

WORD SEARCH 14

T E F N C G V Z N C G B J Z C L L M W Y
T U C T F Z D H J L H M L K N L X H N N
R T C N R J K W T I N A E T M C Y H O Q
E W O S E N P W V F H M N S T L P R G Q
L T B C O R I W F T T G T D A C E H A R
A D K G S N O T T O R B V K L L F H L M
D V V Z S E T L D N Z G L M A E T R E Z
S N K L F V R M F K R D Y D O G R G S M
T W O L K G L P K P M T N B J X F W P N
T W L R X K R L Q X T O Y M A K L X E M
O A C W L Z W M G M V Q T R F R N O L N
C L B I S B E E E A N N R W Y T R W A V
S P M V N Z P B P G W W X L P A D R D B
M I D X T M O N P T A M U Y I O G J N N
R J M C E L M J D V Y B K B U L R Z E Z
H P R T G X Z D G B R T I G L C G G L H
C F F A T S G A L F Z N L M H G L F G Q
N T O M B S T O N E L A T R B J C M K M
X T D K I N G M A N S N R J T N T B C V
M X R X D X I N E O H P F L C C Z L R M

WORD SEARCH 15

L K W T Q T O M B S T O N E F B V J G C
V W K H U G Q E Y T M N F N D K W Y K M
H V Z G T C L D F R N R M R M M A M Q T
M J L R D A S Q T C K K T M Q N L K K V
D R F Y D M Y O K T H E P M R B P V X E
R B R N B M F B N H O A C L N L I Q V L
N W O P B F H T W T C C N N N L N W P A
T V P C K K C K N M Y D S D E J X D K D
A F Y Q M N L D O G M Q R E L R F G R S
J J N G K K I N G M A N B X R E O Z D T
E C A M U Y F L A D X J P W N P R L F T
L K Z M W G T T L T G X I N E O H P F O
A F K J E J O J E L P H W B I S B E E C
D R O J M S N Q S F V I L D X N O D K S
N L J K G L A Q D L N R M H T R O E R N
E Z A L E F F A T S G A L F A U B M R Q
L M M P H V N X L T K L G I G O K Y G L
G V M D X N X O V W R W B L L Q D B X D
D E T R H P W Z K K L I A G W R J K H V
T Z N H G J Z N M T P S R Z N J N Y L L

WORD SEARCH 16

N W R X I N E O H P E R K T B B V T W Q
F J N W Z N L D M B Z E Z F U M B I T E
T C V T Q X M K O R C L M Z V C N L L L
T T H L T V B L K K K A E Q Q S S A T G
N Z M A M O G K J L M D N C L Q D O L M
K F N E N W C P X R B S Z O N N X M N B
T V O M S D K S X Y N T W D O E X O M T
R T G M B A L R E T K T J V V D R P V V
B L A B V F K E Y R Z O A H O A V O N C
D L L N Y F R C R T P C Z U I T C X L R
T J E M D E Y L N K K S G B L Q R P P F
T G S R P L G I W M X L I Q F C M W K W
M F L M Q A Z F W V A N W J Y K V G T V
H X E T H D D T A S L T K I N G M A N H
Q T H T Q N H O L F F A T S G A L F D W
D M V J Q E L N P J Z C Y W M Y H X L L
M Q K Y D L K T I N T O M B S T O N E L
O T B K L G G R P M K L L B V R W J X P
J P W J R G D N J M H Q X B R H M N M H
A M U Y L L N W W M L D B I S B E E V N

WORD SEARCH 17

J N M W T V L T R B W Z D R K T L W J R

K F J M Q X L D B J Z O J M D K K A L F

K X I N E O H P R C U Q E M Y Q F L Y H

L Z N Q J M R V N G J B W D Q K O P Q Q

Y E O G R K L H L C O O E B V R G I Z T

P L G Y Y Y X A Y L N J W C A L J M P W

Z A A C C D S N G T T A X I N E M Z H G

L D L L N H P P N M W T B H L E N Z W B

T N E I N X A J G I M I O A D Z R W L X

E E S F L T K N N Y F B D C N K R O T H

L L W T H J U S D L M N Z G S X M M L V

A G B O L F L C L L O E T N H E J W K F

D R P N V O D W S V E L S W R Y R T T W

S C X L W N L N A O L R N A M R Y P B N

T L M N C J Z M R B N B I S B E E L N R

T F F A T S G A L F V B J T D F G G P E

O M H M C N Y K I N G M A N T Q Q L P F

C N M K V R K P M H Q W M R F R J M T M

S T O M B S T O N E X N P T V B E P R V

N K V H A M U Y G M K R G M M T T X W Q

WORD SEARCH 18

W N M X I N E O H P F T H T R H Y V T H

F F A T S G A L F F T D B Y G T H G D R

Z E Q E R Y N Y L O X V E R J D X L N T

N L P C C K G J C M T L M M M H D C H G

N A F C W N P S Q T A M U Y C E K R M C

M D M L Z B E W R D R D E F L Y S Y Z W

M N F W Y R I R N L M B H R W N N A Z D

R E T L P N N O O C O N O N A O T M E N

T L M Y S G V O J L Z T J M L G W D L R

D G M L K A R W G T F B A N P A R X A N

J P O Z H A R M J C C K N K I L R F D X

J W D Z I P D Y K L B H P V D E X L S Z

T O M B S T O N E I N N A M Q S X D T Y

J B I S B E E X W F K T X N T N O Z T L

J F Z T D D P H R T N F U B D U L T O W

K K N R L L X M R O G M H C G L D H C X

T M Q T J X J D E N K T B L S R E W S R

Z H K Z W X H B V T C K A V L O R R K Y

L R K D B M Q L T W Q S K K K J N K F W

W B G K T L L Z K I N G M A N L B L C Z

WORD SEARCH 19

L N C C Q P G F T Q K B H M H L H W X F

M O M H K G K V P M D X O B H K D X E T

Y G M K A W G N D N K R M X K F T B R T

T A F F R N V M W X A P B G J E O H N L

N L H T W D D K Y I V V Q B G L P B P R

P E N T N J R L B F F N C K G K Z M N D

M S L L K E N I E H T X I N E O H P E M

L T D P Q L W L R R F F A T S G A L F T

F D X F P A A N V N N X N M M K G T Z V

T R F O L D L R X S C O T T S D A L E V

R U T J D N P M B I S B E E D E L K N J

Y E C A G E I A M U Y Z C O L X T Y E K

L P C S Z L Q W L T P X U A N D L J N V

C N P N O G I W T H K G D M T N L K O N

L C T V E N T O V T L N H L E L V F T M

I H H D S R C K K A O T X K N S M R S Y

F Q N L P S O B S V Q K L F R M A D B F

T Y O J E D W L A K T T T Z M N L C M M

O W M R D R Q W F T W N L Y K Y V Y O T

N N P C J J D K I N G M A N V W Q J T P

WORD SEARCH 20

W V W M R A M U Y N R M L E E Y R R X C

T P K V R K R R T T D D B L D B W Q R H

K T H Y C V M M N B D O A B N I L E G Z

C K T F B I S B E E L D X Q N B P H M M

N Q P O L R T W D G N G G S R M H L Q B

Q W D W C X K O H O M M L M E O P L D H

E R Y O N S U L V M Y O W T R T K K R K

L R Q J T G E A V N W F F A T S G A L F

A L T A L N N R B B T F I V N L K V F F

D G Z A Y P K D P L Z B X C T R Q E M H

S L S R N Q K C W N I K W M V P T L L C

T F T R Y T C L A O K C M T R K D A N C

T M C U L T T I L G E M H T B J J D D P

O B V M C X N F P A T C E A F V R N L C

C L B B T S P T I L R W N S N D Y E P Y

S L X J F T O O P E K Y L E A D N L K T

K B K R M M N N N S Q H Z V R N L G N L

K I N G M A N C B T O M B S T O N E P F

Y Z M L M N Q M C B X L C P F R L Z R L

Y W N P X I N E O H P K R P H L T F R H

CHRISTMAS

WORD SEARCH 21

Find the words in the grid. Words can go horizontally, vertically and diagonally in all eight directions.

```
T Z X C P R A N C E R P O I N S E T T I A M R B R
J B O J T Q K D S R F L L D A S H E R R M R X E B
K L M E R R Y E N E Z M R K T C T T N O B B I R E
D T N V A M D C C E L E B R A T E K R E N N O D T
T F N K D P I O Y R X A L R T R S R W D D W Y L H
S M E S I A P R L T P I S N N G D M E E N T F F L
G P I T T R U A F H R S V L E F R D E M B A C V E
N R P H I A C T L F L A T P V Y A R D L O E T R H
I E D G O D L I N E I V P S D K C O Z N H N L S E
T S Z I N E T O G L R R E E A Q L W N H T C I L M
E E M L R S H N Z A L V N S E L D N A C A H V E S
E N P V T O A S D K L I Y N S G D S H J E I D F S
R T M U L W C E L E P C W D G M L E L C R M E R W
G S R Y N R C R K F F B S D N N I H C E W N R O T
N R D T O C E D E R L N P H O A I R O E D E C S M
W F O O D C H C U I S O I O L O C S A L M Y A T I
P Y G M N N U I T T E S R L J V G F S C I B S Y S
S E A A O A T Z S L X A I L M P N J N E L D E X T
G H D E S C E I U D T E T Y T R I P S M R E A R L
O Z L B A N L Y D S K S L R T N A E G A P D R Y E
N R X K T Z R X L I D A N N O U N C E M E N T L T
G F E S T I V A L L N W T I N S E L T E M O C Y O
G N R S T F I G B B O G O C S E L C I C I B Y Y E
E K C K C I N . T S L J S R S L L E B H G I E L S
R U D O L P H K W C S R E K C I T S L H A P P Y Q
```

Advent	Cold	Festival	Jolly	Prancer	Spirit
Angels	Comet	Fir	Lights	Presents	St. Nick
Announcement	Crowds	Frosty	Lists	Punch	Stand
Bells	Cupid	Fruitcake	Merry	Reindeer	Star
Bethlehem	Dancer	Gifts	Miracle	Ribbon	Stickers
Blitzen	Dasher	Goodwill	Mistletoe	Rudolph	Tidings
Candles	December	Greetings	Noel	Sacred	Tinsel
Candy	Decorations	Ham	Pageant	Sales	Toys
Cards	Dolls	Happy	Parades	Sauce	Tradition
Cedar	Donner	Holiday	Party	Scrooge	Trips
Celebrate	Dressing	Holly	Pie	Season	Vixen
Ceremonies	Eggnog	Holy	Pine	Sled	Wreath
Chimney	Elves	Icicles	Poinsettia	Sleighbells	Yule

WORD SEARCH 22

Find the words in the grid. Words can go horizontally, vertically and diagonally in all eight directions.

```
T N A E G A P W F E S T I V A L R R E E D N I E R
B L H N K G S R Y N O S A E S R T J L E Z L S S D
R B O R Q F N D E L J P D C E L E B R A T E T L K
T E M O C M I I W S L L R F D X M C R L T S H E R
L R E N N O D R S O E O R Y I K A X D W N N G D D
T T Z L P N Z B R S R N J L P S J C E M E I I R F
R T J U S M C A D M E C T T U Q O N C N V T L Y R
F A N N A E D E V N I R Y S C L B E O Z D R K T O
V C T H K E D V R M O R D Z D L E X R C A R G R S
H Q B S C M X A W E P B A X T P T I A H S E P I T
S E L D N A C S R T M F B C N K H V T O D C O P Y
H Y L N N T R D A A R O R I L C L H I L R N I S N
Z O C U R O O M H U P E N L R E E H O L A A N G M
Y B L Z Y L I O I S C C P I C Z H V N Y C R S O I
Y J W I L F L T T N L E B E E T E D S C V P E N S
T B R S D Y C S A T J L I P L S M L E S W C T G T
R M E H K A I D Q C I P S J S L E T P C S H T G L
A T A L K L Y N T T A Y P P G G I I U T E I I E E
P T T E L L W T Z N O V N V N Y R W A R S M A R T
L Q H T M S R E B T Z N R A I I D N D E K N B L O
D A S H E R N K F M E R R Y T G D N V O N E D E E
T Q T H P A N N O U N C E M E N T L A N O Y Y R R
S T F I G S E L C I C I X Q E H E R R C M G D T L
S G N I D I T H P L O D U R R H A P P Y S A L E S
E G O O R C S T R A F F I C G G G Q X P I N E R Q
```

Advent
Angels
Announcement
Bells
Bethlehem
Blitzen
Candles
Candy
Cards
Cedar
Celebrate
Ceremonies
Chimney

Cold
Comet
Crowds
Cupid
Dancer
Dasher
December
Decorations
Dolls
Donner
Dressing
Eggnog
Elves

Festival
Fir
Frosty
Fruitcake
Gifts
Goodwill
Greetings
Ham
Happy
Holiday
Holly
Holy
Icicles

Jolly
Lights
Lists
Merry
Miracle
Mistletoe
Noel
Pageant
Parades
Party
Pie
Pine
Poinsettia

Prancer
Presents
Punch
Reindeer
Ribbon
Rudolph
Sacred
Sales
Sauce
Scrooge
Season
Sled
Spirit

Stand
Star
Tidings
Tinsel
Toys
Traffic
Trips
Turkey
Vacation
Vixen
Wreath
Yule

WORD SEARCH 23

Find the words in the grid. Words can go horizontally, vertically and diagonally in all eight directions.

```
S D S J M E R R Y S P I R T H A P P Y W R E A T H
R C A F E S T I V A L E G O O R C S H Z Y T C J Z
E L L N N B S E L C I C I N O S A E S O I O H W N
K G E P P E N V R M L D S S T F I G Q R L O B S C
C O S M K T L Y Y E T L C T K N Z G I D L I T D Z
I N D A S H E R N T T R I E . J F P F Y K A D R D
T G C L T L R I J Y N T G W R N S E L D N A C A N
S G X V J E P A L T E M O C D E I Y J D Z R R Y Y
G E M Z M H S K T Q V S V C T O M C D F L A T J S
N D P A G E A N T S D L D R G B O O K N D D G A S
I E H P V M J T M Q A M A W S B R G N E A G U T D
T C E L E B R A T E K F K L O E E M C I X C S L F
E O E S Y Y R Y N O F K E N C R D L I M E I C D R
E R M G M T L V U I Y G H N Z Q C E L R L S H T O
R A I N G F R L C L N S A L W L X C C S A L G K S
G T S I W N I A O A E D E W I N T E R E P C F C T
X I T D B S I R P J M S C S E D A R A P M R L L Y
R O L I N D N S A N N O U N C E M E N T U B R E Z
R N E T O R C H S I Z K P N Y D Y B K I S V E T T
S S T B B A H O T E L G E U O E L L T Y T N I R R
A K O D B C I L H J R X D L N I K C Z B H W N Y N
C L E I I Q M L Z V I D L E T C A R Y H G R D O R
R H H P R V N Y N V D S M Z L K H L U X I T E M E
E J J U P R E S E N T S E D E S X W D T L L E G I
D N H C M J Y T R E N N O D P R A N C E R W R F P
```

Advent
Angels
Announcement
Bells
Bethlehem
Blitzen
Candles
Candy
Cards
Cedar
Celebrate
Ceremonies
Chimney

Cold
Comet
Crowds
Cupid
Dancer
Dasher
December
Decorations
Dolls
Donner
Dressing
Eggnog
Elves

Festival
Fir
Frosty
Fruitcake
Gifts
Goodwill
Greetings
Ham
Happy
Holiday
Holly
Holy
Icicles

Jolly
Lights
Lists
Merry
Miracle
Mistletoe
Noel
Pageant
Parades
Party
Pie
Pine
Prancer

Presents
Punch
Reindeer
Ribbon
Sacred
Sales
Sauce
Scrooge
Season
Sled
Spirit
St Nick
Stand

Star
Stickers
Tidings
Tinsel
Toys
Traffic
Trips
Turkey
Vixen
Winter
Wreath
Yule

WORD SEARCH 24

Find the words in the grid. Words can go horizontally, vertically and diagonally in all eight directions.

N M B J Y C T N A E G A P Z G K G V T T R R N M M

K P E S U D W P F C P D E R C A S N I U A B W K F

P R T E L E Q K R H D A S H E R S R I D R M H R R

M E H K E C G H O I Y N P L N N I D E S A K U M T

I S L A H O Y P S M R Q C O L P C C W H S I E M N

S E E L S R T L T N F Q E Y S I Z P B O T E T Y E

T N H F T A R O Y E R L N L D R W L U C R G R X V

L T E W H T A D T Y S M D S E N I D A N Y C T D D

E S M O G I P U Z L S O T E S T A K O D C T G T A

T P T N I O L R E E L . D T Z N E C W O E H D I N

O X R S L N T G V L N N S E L S Y O T N G L L N E

E F L D C S N L S I I I N P I N E M E R R Y S S X

A Z M O E A E C C E L M M C Q C E L E B R A T E I

T I L I X C R K R J N O S A E S S T F I G K L L V

S D T X R O E R E N N O D Z Q R S T I C K E R S R

D G C T O A E M S S E L D N A C E Y G R F H T I S

R O K G E C C P B T T X W P B P V M L S R R B M G

A N E D N S G L I E A H T V M E V K O L A B F W N

C G J A R F N D E W R R H D W H L S B N O L V X I

G G D H N C I I W R J E O I T I O L E N I J E H T

S E M M X N H R O K I T L P W X N L S D D E O S E

A B K T G L H A P P Y T L U F E S T I V A L S Y E

U R C S E L C I C I Y Q Y C Z X K N E D Y R N R R

C P R A N C E R H N N R T E M O C T J R A N A J G

E N M Z A N N O U N C E M E N T S T A N D Y X P M

Advent	Cold	Festival	Jolly	Prancer	Spirit
Angels	Comet	Fir	Lights	Presents	St. Nick
Announcement	Crowds	Frosty	Lists	Punch	Stand
Bells	Cupid	Fruitcake	Merry	Reindeer	Star
Bethlehem	Dancer	Gifts	Miracle	Ribbon	Stickers
Blitzen	Dasher	Goodwill	Mistletoe	Rudolph	Tidings
Candles	December	Greetings	Noel	Sacred	Tinsel
Candy	Decorations	Ham	Pageant	Sales	Toys
Cards	Dolls	Happy	Parades	Sauce	Turkey
Cedar	Donner	Holiday	Party	Scrooge	Vixen
Celebrate	Dressing	Holly	Pie	Season	Winter
Ceremonies	Eggnog	Holy	Pine	Sled	Yule
Chimney	Elves	Icicles	Poinsettia	Snowflakes	

WORD SEARCH 25

Find the words in the grid. Words can go horizontally, vertically and diagonally in all eight directions.

```
T G P X Z N M K F M E R R Y L P S E D A R A P M R
T O U S A U C E S B Y W Z S E L C I C I F F A R T
R N N Y C Z M T L Z P R A N C E R T R E N N O D Y
I G C J D L . I Y R E E D N I E R X B S P I R I T
P G H B Y N T W R A N N O U N C E M E N T R M N M
S E W P I Z A W M A P H T I T C T N A E G A P A T
D W V C E M J C R D C R P R W R E A T H Y M H M U
E N K N D A S H E R E L E L A V J R J W I N T E R
C C E L E B R A T E L C E S O T W V E T E M O C K
O K L R K P S H N R V L E B E D S X Y M O Y M B E
R Q S W M L I O O J C D I M E N U C C L O Y L N Y
A L D D E N E H L L I L K W B L T R H F L N S M E
T R H G W L F E S T I V A L D E L S I B I O I N I
I S N Y B O S P E R Q D H P N O R S M E T R J E P
O A L Z Y N R L Y M O R A D R H O T N T D K D T S
N T S E I T U C N S E W M Y O M L G E H H A P P Y
S R G T D Y R N T C Q S E L D N A C Y L M N R M N
E B N R B G K A N R R T Y Q N N S G B E K A X I E
A N I S F L N A P I V N Z M C E I D W H D L M S G
S D T D R D D I B L D E V P L F H I Z E N S S T O
O E E R O Q M B S D J V N A T E O P C M T C T L O
N R E A S K O E O S V D S S Q L L U K S O N H E R
M C R C T N V L V B E A K K T U L C I L Z Z G T C
R A G T Y L L V K B M R T L C Y Y L D F K F I O S
Z S L L E S J N E X I V D E K A C T I U R F L E L
```

Advent	Cold	Festival	Jolly	Presents	Stand
Angels	Comet	Fir	Lights	Punch	Star
Announcement	Crowds	Frosty	Lists	Reindeer	Tinsel
Bells	Cupid	Fruitcake	Merry	Ribbon	Toys
Bethlehem	Dancer	Gifts	Miracle	Rudolph	Traffic
Blitzen	Dasher	Goodwill	Mistletoe	Sacred	Trips
Candles	December	Greetings	Noel	Sales	Turkey
Candy	Decorations	Ham	Pageant	Sauce	Vixen
Cards	Dolls	Happy	Parades	Scrooge	Winter
Cedar	Donner	Holiday	Party	Season	Worship
Celebrate	Dressing	Holly	Pie	Sled	Wreath
Ceremonies	Eggnog	Holy	Pine	Spirit	Yule
Chimney	Elves	Icicles	Prancer	St. Nick	Yuletide

WORD SEARCH 26

Find the words in the grid. Words can go horizontally, vertically and diagonally in all eight directions.

```
F S Z V S T F I G K G J F X Y R C F E S T I V A L
D W D B J H B C D P V R A N N O U N C E M E N T A
L E X W G Y O E A Q U V I X E N Y T R A P W Y P I
N P C K O L U R L I H A P P Y R N A T L N Y D R T
Z S D E D R A L T L D E L S A H T L T P R B I E T
E C P H M D C C E Z S N V D C S P D L E M E P S E
L R M I E B A L L S A L E S W E E L C I N H U E S
C O R S R K E M N B J C F B Y R R N O I W H C N N
A O R H E T H R L B S Q T I C L A E P D O D L T I
R G E O N M S I P E T M H A R D L Y M L U D O S O
I E E L J W T M A T . V S M V H V O Y O T R Y O P
M B D L F Z H R G H N W A T T S S G J O N W C R G
F T N Y E Y G M E L I H L A L C D F Y Y V I W Z S
L D I N G L I W A E C Y E E S Z R S H D D O E E C
D E E N S N L P N H K R G T T F A K O O R N A S M
S C R P S A I Q T E W N S L N M C L C S L S A P R
G O F M N E U S P M A I V G E N L M H D O I U C C
N R T K E O L C S R L B G O V S N I I N N N D Q M
I A I F L I E W E E A D N N D Z P S M P C A N A R
T T R R N H P L P C R N F G A R E H N H W B T G Y
E I I O Q D A S H E R D C G N V R T E M O C V S G
E O P S Z C M E R R Y N R E L D J M Y T U R K E Y
R N S T Y M T N O B B I R E R M I S T L E T O E V
G S J Y F P S E L C I C I F F A R T S E L D N A C
F P Q C E L E B R A T E R E N N O D T I D I N G S
```

Advent	Cold	Festival	Jolly	Prancer	St. Nick
Angels	Comet	Fir	Lights	Presents	Stand
Announcement	Crowds	Frosty	Lists	Punch	Star
Bells	Cupid	Fruitcake	Merry	Reindeer	Tidings
Bethlehem	Dancer	Gifts	Miracle	Ribbon	Tinsel
Blitzen	Dasher	Goodwill	Mistletoe	Rudolph	Toys
Candles	December	Greetings	Noel	Sacred	Traffic
Candy	Decorations	Ham	Pageant	Sales	Trips
Cards	Dolls	Happy	Parades	Sauce	Turkey
Cedar	Donner	Holiday	Party	Scrooge	Vixen
Celebrate	Dressing	Holly	Pie	Season	Worship
Ceremonies	Eggnog	Holy	Pine	Sled	Wreath
Chimney	Elves	Icicles	Poinsettia	Spirit	Yule

WORD SEARCH 27

Find the words in the grid. Words can go horizontally, vertically and diagonally in all eight directions.

```
N C Y U L E N M D D L G G T R I P S N O B B I R C
P Y E L B R A B X E Z P H N E R Q V S T S K R O T
N L T R V H Y X N S C N R C I R X E I T N E L I V
H T L R E H C K B G M E U A E S V M I X I D D R M
Y O M L A M L R S N C A M C N L S C B N E I Z V B
M L L N I P O L W I S S N B E C K E D E N N E L E
C I B I P W E N J T N A L H E E E E R G L K I F T
H T S M D G D E I E D Y L E R R E R S D M L P D H
I D L T N A L O R E C X H S D R E N N O D S S I L
M H E A L C Y U O R S T C E L E B R A T E E Q P E
N F J R A E D L H G B F E S T I V A L K F L R U H
E R Y R C O T T I N S E L T H K N M G F H A A C E
Y R I D L A A O A N N O U N C E M E N T I S T X M
T M L P N E S J E D A S H E R Y E K R U T R S S D
H R H R R A F H X N B N G V W K K T E M O C T T E
O S W W N T C F T L L N R D Z S Y O T P T S P R C
L T H A P P Y T I N H A F A F S W Y F M I G E G O
L H K C I N . T S O D T P R R S D R L L J G S O R
Y G K P K N Z K L E C A H D O P U W R L O J D N A
K I T U Z E M Y C L G F D W S I D N O O O F R G T
K L N N N P I N E E Q O I V T R P L R R D J A G I
S E L C I C I F A J L N M C Y I K C R P C N C E O
T D R H F R N N C L T M A W Q T S S E D A R A P N
S E A S O N T P S E K K D M E R R Y T R N R W T S
S T N E S E R P R S E L D N A C M W S T F I G G S
```

Advent
Angels
Announcement
Bells
Bethlehem
Blitzen
Candles
Candy
Cards
Cedar
Celebrate
Ceremonies
Chimney

Cold
Comet
Crowds
Cupid
Dancer
Dasher
December
Decorations
Dolls
Donner
Dressing
Eggnog
Elves

Festival
Fir
Frosty
Fruitcake
Gifts
Goodwill
Greetings
Ham
Happy
Holiday
Holly
Holy
Icicles

Jolly
Lights
Lists
Merry
Miracle
Mistletoe
Noel
Pageant
Parades
Party
Pie
Pine
Prancer

Presents
Punch
Reindeer
Ribbon
Rudolph
Sacred
Sales
Sauce
Scrooge
Season
Sled
Spirit
St. Nick

Stand
Star
Stickers
Tidings
Tinsel
Toys
Trips
Turkey
Vixen
Winter
Wreath
Yule

WORD SEARCH 28

Find the words in the grid. Words can go horizontally, vertically and diagonally in all eight directions.

```
Z X T N A E G A P R N R E N N O D R N O S A E S K
Q K S E L D N A C Y U M R C C E L E B R A T E Q T
T I D I N G S L L I W D O O G F P L E M M F D B O
F E S T I V A L S B N P O E R P D C Q G J Q E T Y
N M B K X L K L L P U N I L K W N H K O Y Q C I S
N N E W Q F E I T N N P N W P A A T K N T G O R T
P N T Q K G T S C P I N E F D H T Z R G R J R I H
M V H M N Z E H D A S H E R Q F S N F G A A A P G
I B L A E L A N N O U N C E M E N T R E P I T S I
S H E N A C O W C R G S V A C A T I O N M T I T L
T O H S N E X I V E L S G T D M C P S B M T O N B
L L E N L N D J T W R Y E N C E T H T J R E N E N
E L M F R U I T C A K E D D I W R F Y L I S S V W
T Y R E E D N I E R D G M N A T S C I M B N N D R
O Y P S E L C I C I D S N O A R E D A R B I T A E
E Z R H V J M B W Y E E S I N C A E W S O O J G A
K R E S O W M R E V L T C K S I W P R O N P I H T
C D S D N L A I L L S L I E G S E N R G R F S N H
I I E R V D I E R I L P O N M N E S W R T C Y T C
N P N A E M N D L A D S R J S B R R M S R P U R H
. U T C R A Z N A C C E T A Q E E X D O P R A D I
T C S K M H N X O Y E L L R N F L R O A K T O H M
S K M L C V T L M L N R E S I C D G H E S L O R N
R E T N I W D M U S A U C E W P E L Y Q L L M N E
M E R R Y J N Y T E M O C R R G S R K S Y T Y F Y
```

Advent	Cold	Festival	Jolly	Prancer	St. Nick
Angels	Comet	Fir	Lights	Presents	Stand
Announcement	Crowds	Frosty	Lists	Punch	Star
Bells	Cupid	Fruitcake	Merry	Reindeer	Tidings
Bethlehem	Dancer	Gifts	Miracle	Ribbon	Tinsel
Blitzen	Dasher	Goodwill	Mistletoe	Rudolph	Toys
Candles	December	Greetings	Noel	Sacred	Trips
Candy	Decorations	Ham	Pageant	Sales	Turkey
Cards	Dolls	Happy	Parades	Sauce	Vacation
Cedar	Donner	Holiday	Party	Scrooge	Vixen
Celebrate	Dressing	Holly	Pie	Season	Winter
Ceremonies	Eggnog	Holy	Pine	Sled	Wreath
Chimney	Elves	Icicles	Poinsettia	Spirit	Yule

WORD SEARCH 29

Find the words in the grid. Words can go horizontally, vertically and diagonally in all eight directions.

H W P M X C M N P J A N N O U N C E M E N T K K T

P I P Y I Q E G O U Y X C D K D M E G O O R C S T

L N M E R R Y R N B N L N K E E D S E L C I C I I

O T X Y S T A R E I B C L K M C M E V N N D X T R

D E N K L E C C F M S I H O B O E R L . N T P I I

U R M J G M D Q L I O S R H J R H M T S M N T N P

R D A S H E R A F E R N E M X A M S B W H E P S S

S Z H K Y B L R R P R D I R K T M S E E F V O E G

T L N U S Y U R R A E S M E D I C T T P R D I L O

H X L T E I E E K R P D I K S O W I H Y D A N D N

G E S K T C S X C K P R S D B N L C L T C G S I G

I I R C N E H A H M B A T B K S H K E R I O E P G

L U A A N S S O N N N C L H M O S E H A F O T U E

T K D T L L S O L N T I E R L E D R E P F D T C P

E N S E D E E H Q L T X T Y V G F S M K A W I H R

D W G G A L D K T Z Y P O L R S A L E S R I A I A

S N R S N O B O E T S W E H O L I D A Y T L B M N

A A O E L I Y N Y Q B D O T N A E G A P J L G N C

V N U L A S T R S R Y E W R Z C E L E B R A T E E

F I S C B T A E F G S D L O S T F I G X L P F Y R

R C X M E D H R E N N T N L R H G N R R C F P N T

O M F E E T C W Q R K I A A S C I Q K O E P T B T

S L L C N T E M O C G M D R C B G P L I A P I N E

T R E N N O D Z L F E S T I V A L D P H S T A N D

Y L S P I R T S E L D N A C T R E E D N I E R C K

Advent
Angels
Announcement
Bells
Bethlehem
Blitzen
Candles
Candy
Cards
Cedar
Celebrate
Ceremonies
Chimney
Cold
Comet
Crowds
Cupid
Dancer
Dasher
December
Decorations
Dolls
Donner
Dressing
Eggnog
Elves
Festival
Fir
Frosty
Fruitcake
Gifts
Goodwill
Greetings
Ham
Happy
Holiday
Holly
Holy
Icicles
Jolly
Lights
Lists
Merry
Miracle
Mistletoe
Noel
Pageant
Parades
Party
Pie
Pine
Poinsettia
Prancer
Presents
Punch
Reindeer
Ribbon
Rudolph
Sacred
Sales
Sauce
Scrooge
Season
Sled
Spirit
St. Nick
Stand
Star
Stickers
Tidings
Tinsel
Toys
Traffic
Trips
Turkey
Vixen
Winter
Worship
Wreath
Yule

WORD SEARCH 30

Find the words in the grid. Words can go horizontally, vertically and diagonally in all eight directions.

```
E R S M R L W H F B Q L L I W D O O G Y E K R U T
G D E P C K E D W I N T E R R E N N O D K L Q C N
O S E E I E J S N R R G D A S H E R L S A L E S Y
O D D C D R R T N K K O H O L I D A Y H C N U P U
R E P W E N I E K I H N S D S P M N M E R R Y X L
C R R R O M I T M H T G T E K G C E L E B R A T E
S C W M A R B E L O J G I L N H N K Y N K V L P T
X A W R S N C E R L N E C S S T F I G T Z H F R I
E S B T E N C Y R Y K I K E J S G G T W R R G E D
N L S E K A D E R G G D E A N D B M N E U A K S E
Y I U E L C T A R L M T R S T R I P S I E R P E D
L Y N Y O L D H W S A N S O L A L W T V S R T N I
G I N L H E S M L R H E J N L C R C Z V D S G T P
P N D D C D D E I N R V W Z T N A E G A P J E S U
T M L E Z L G R V R J D P R I K S E L D N A C R C
F I N C X N B K I F A A E C E R D Y Q H Y J Q J D
R S E O A O E C X Q H C I F E S T I V A L D P J N
O T I R S B T H E X N C L K C I N . T S H A N O M
S L P A T B H I N A L L T E P K M B S P R O E A D
T E X T H I L M D E T Y Y K S M L T L A D L L O C
Y T Y I G R E N S H B P L E L I A O D S S N L L J
B O J O I T H E K G P V V L T R D E F Y A L A J Y
X E J N L V E Y Q A V L T Z O U S L O J S U L T C
R Z T S L G M J H N E Q E X R J H T T E M O C T S
P O I N S E T T I A N N O U N C E M E N T L F E W
```

Advent	Cold	Festival	Jolly	Prancer	St. Nick
Angels	Comet	Fir	Lights	Presents	Stand
Announcement	Crowds	Frosty	Lists	Punch	Star
Bells	Cupid	Fruitcake	Merry	Reindeer	Stickers
Bethlehem	Dancer	Gifts	Miracle	Ribbon	Tinsel
Blitzen	Dasher	Goodwill	Mistletoe	Rudolph	Toys
Candles	December	Greetings	Noel	Sacred	Trips
Candy	Decorations	Ham	Pageant	Sales	Turkey
Cards	Dolls	Happy	Parades	Sauce	Vixen
Cedar	Donner	Holiday	Party	Scrooge	Winter
Celebrate	Dressing	Holly	Pie	Season	Wreath
Ceremonies	Eggnog	Holy	Pine	Sled	Yule
Chimney	Elves	Icicles	Poinsettia	Spirit	Yuletide

SOLUTION

WORD SEARCH 21

T Z X C P R A N C E R P O I N S E T T I A M R B R
J B O J T Q K D S R F L L D A S H E R R M R X E B
K L M E R R Y E N E Z M R K T C T T N O B B I R E
D T N V A M D C C E L E B R A T E K R E N N O D T
T F N K D P I O Y R X A L R T R S R W D D W Y L H
S M E S I A P R L T P I S N N G D M E E N T F F L
G P I T T R U A F H R S V L E F R D E M B A C V E
N R P H I A C T L F L A T P V Y A R D L O E T R H
I E D G O D L I N E I V P S D K C O Z N H N L S E
T S Z I N E T O G L R R E E A Q L W N H T C I L M
E E M L R S H N Z A L V N S E L D N A C A H V E S
E N P V T O A S D K L I Y N S G D S H J E I D F S
R T M U L W C E L E P C W D G M L E L C R M E R W
G S R Y N R C R K F F B S D N N I H C E W N R O T
N R D T O C E D E R L N P H O A I R O E D E C S M
W F O O D C H C U I S O I O L O C S A L M Y A T I
P Y G M N N U I T T E S R L J V G F S C I B S Y S
S E A A O A T Z S L X A I L M P N J N E L D E X T
G H D E S C E I U D T E T Y T R I P S M R E A R L
O Z L B A N L Y D S K S L R T N A E G A P D R Y E
N R X K T Z R X L I D A N N O U N C E M E N T L T
G F E S T I V A L L N W T I N S E L T E M O C Y O
G N R S T F I G B B O G O C S E L C I C I B Y Y E
E K C K C I N . T S L J S R S L L E B H G I E L S
R U D O L P H K W C S R E K C I T S L H A P P Y Q

WORD SEARCH 22

T N A E G A P W F E S T I V A L R R E E D N I E R
B L H N K G S R Y N O S A E S R T J L E Z L S S D
R B O R Q F N D E L J P D C E L E B R A T E T L K
T E M O C M I I W S L L R F D X M C R L T S H E R
L R E N N O D R S O E O R Y I K A X D W N N G D D
T T Z L P N Z B R S R N J L P S J C E M E I I R F
R T J U S M C A D M E C T T U Q O N C N V T L Y R
F A N N A E D E V N I R Y S C L B E O Z D R K T O
V C T H K E D V R M O R D Z D L E X R C A R G R S
H Q B S C M X A W E P B A X T P T I A H S E P I T
S E L D N A C S R T M F B C N K H V T O D C O P Y
H Y L N N T R D A A R O R I L C L H I L R N I S N
Z O C U R O O M H U P E N L R E E H O L A A N G M
Y B L Z Y L I O I S C C P I C Z H V N Y C R S O I
Y J W I L F L T T N L E B E E T E D S C V P E N S
T B R S D Y C S A T J L I P L S M L E S W C T G T
R M E H K A I D Q C I P S J S L E T P C S H T G L
A T A L K L Y N T T A Y P P G G I I U T E I I E E
P T T E L L W T Z N O V N V N Y R W A R S M A R T
L Q H T M S R E B T Z N R A I I D N D E K N B L O
D A S H E R N K F M E R R Y T G D N V O N E D E E
T Q T H P A N N O U N C E M E N T L A N O Y Y R R
S T F I G S E L C I C I X Q E H E R R C M G D T L
S G N I D I T H P L O D U R R H A P P Y S A L E S
E G O O R C S T R A F F I C G G G Q X P I N E R Q

WORD SEARCH 23

S D S J M E R R Y S P I R T H A P P Y W R E A T H
R C A F E S T I V A L E G O O R C S H Z Y T C J Z
E L L N N B S E L C I C I N O S A E S O I O H W N
K G E P P E N V R M L D S S T F I G Q R L O B S C
C O S M K T L Y Y E T L C T K N Z G I D L I T D Z
I N D A S H E R N T T R I E . J F P F Y K A D R D
T G C L T L R I J Y N T G W R N S E L D N A C A N
S G X V J E P A L T E M O C D E I Y J D Z R R Y Y
G E M Z M H S K T Q V S V C T O M C D F L A T J S
N D P A G E A N T S D L D R G B O O K N D D G A S
I E H P V M J T M Q A M A W S B R G N E A G U T D
T C E L E B R A T E K F K L O E E M C I X C S L F
E O E S Y Y R Y N O F K E N C R D L I M E I C D R
E R M G M T L V U I Y G H N Z Q C E L R L S H T O
R A I N G F R L C L N S A L W L X C C S A L G K S
G T S I W N I A O A E D E W I N T E R E P C F C T
X I T D B S I R P J M S C S E D A R A P M R L L Y
R O L I N D N S A N N O U N C E M E N T U B R E Z
R N E T O R C H S I Z K P N Y D Y B K I S V E T T
S S T B B A H O T E L G E U O E L L T Y T N I R R
A K O D B C I L H J R X D L N I K C Z B H W N Y N
C L E I I Q M L Z V I D L E T C A R Y H G R D O R
R H H P R V N Y N V D S M Z L K H L U X I T E M E
E J J U P R E S E N T S E D E S X W D T L L E G I
D N H C M J Y T R E N N O D P R A N C E R W R F P

WORD SEARCH 24

N M B J Y C T N A E G A P Z G K G V T T R R N M M
K P E S U D W P F C P D E R C A S N I U A B W K F
P R T E L E Q K R H D A S H E R S R I D R M H R R
M E H K E C G H O I Y N P L N N I D E S A K U M T
I S L A H O Y P S M R Q C O L P C C W H S I E M N
S E E L S R T L T N F Q E Y S I Z P B O T E T Y E
T N H F T A R O Y E R L N L D R W L U C R G R X V
L T E W H T A D T Y S M D S E N I D A N Y C T D D
E S M O G I P U Z L S O T E S T A K O D C T G T A
T P T N I O L R E E L . D T Z N E C W O E H D I N
O X R S L N T G V L N N S E L S Y O T N G L L N E
E F L D C S N L S I I I N P I N E M E R R Y S S X
A Z M O E A E C C E L M M C Q C E L E B R A T E I
T I L I X C R K R J N O S A E S S T F I G K L L V
S D T X R O E R E N N O D Z Q R S T I C K E R S R
D G C T O A E M S S E L D N A C E Y G R F H T I S
R O K G E C C P B T T X W P B P V M L S R R B M G
A N E D N S G L I E A H T V M E V K O L A B F W N
C G J A R F N D E W R R H D W H L S B N O L V X I
G G D H N C I I W R J E O I T I O L E N I J E H T
S E M M X N H R O K I T L P W X N L S D D E O S E
A B K T G L H A P P Y T L U F E S T I V A L S Y E
U R C S E L C I C I Y Q Y C Z X K N E D Y R N R R
C P R A N C E R H N N R T E M O C T J R A N A J G
E N M Z A N N O U N C E M E N T S T A N D Y X P M

WORD SEARCH 25

```
T G P X Z N M K F M E R R Y L P S E D A R A P M R
T O U S A U C E S B Y W Z S E L C I C I F F A R T
R N N Y C Z M T L Z P R A N C E R T R E N N O D Y
I G C J D L . I Y R E E D N I E R X B S P I R I T
P G H B Y N T W R A N N O U N C E M E N T R M N M
S E W P I Z A W M A P H T I T C T N A E G A P A T
D W V C E M J C R D C R P R W R E A T H Y M H M U
E N K N D A S H E R E L E L A V J R J W I N T E R
C C E L E B R A T E L C E S O T W V E T E M O C K
O K L R K P S H N R V L E B E D S X Y M O Y M B E
R Q S W M L I O O J C D I M E N U C C L O Y L N Y
A L D D E N E H L L I L K W B L T R H F L N S M E
T R H G W L F E S T I V A L D E L S I B I O I N I
I S N Y B O S P E R Q D H P N O R S M E T R J E P
O A L Z Y N R L Y M O R A D R H O T N T D K D T S
N T S E I T U C N S E W M Y O M L G E H H A P P Y
S R G T D Y R N T C Q S E L D N A C Y L M N R M N
E B N R B G K A N R R T Y Q N N S G B E K A X I E
A N I S F L N A P I V N Z M C E I D W H D L M S G
S D T D R O D I B L D E V P L F H I Z E N S S T O
O E E R O Q M B S D J V N A T E O P C M T C T L O
N R E A S K O E O S V D S S Q L L U K S O N H E R
M C R C T N V L V B E A K K T U L C I L Z Z G T C
R A G T Y L L V K B M R T L C Y Y L D F K F I O S
Z S L L E S J N E X I V D E K A C T I U R F L E L
```

WORD SEARCH 26

```
F S Z V S T F I G K G J F X Y R C F E S T I V A L
D W D B J H B C D P V R A N N O U N C E M E N T A
L E X W G Y O E A Q U V I X E N Y T R A P W Y P I
N P C K O L U R L I H A P P Y R N A T L N Y D R T
Z S D E D R A L T L D E L S A H T L T P R B I E T
E C P H M D C C E Z S N V D C S P D L E M E P S E
L R M I E B A L L S A L E S W E E L C I N H U E S
C O R S R K E M N B J C F B Y R R N O I W H C N N
A O R H E T H R L B S Q T I C L A E P D O D L T I
R G E O N M S I P E T M H A R D L Y M L U D O S O
I E E L J W T M A T . V S M V H V O Y O T R Y O P
M B D L F Z H R G H N W A T T S S G J O N W C R G
F T N Y E Y G M E L I H L A L C D F Y Y V I W Z S
L D I N G L I W A E C Y E E S Z R S H D D O E E C
D E E N S N L P N H K R G T T F A K O O R N A S M
S C R P S A I Q T E W N S L N M C L C S L S A P R
G O F M N E U S P M A I V G E N L M H D O I U C C
N R T K E O L C S R L B G O V S N I I N N N D Q M
I A I F L I E W E E A D N N D Z P S M P C A N A R
T T R R N H P L P C R N F G A R E H N H W B T G Y
E I I O Q D A S H E R D C G N V R T E M O C V S G
E O P S Z C M E R R Y N R E L D J M Y T U R K E Y
R N S T Y M T N O B B I R E R M I S T L E T O E V
G S J Y F P S E L C I C I F F A R T S E L D N A C
F P Q C E L E B R A T E R E N N O D T I D I N G S
```

WORD SEARCH 27

```
N C Y U L E N M D D L G G T R I P S N O B B I R C
P Y E L B R A B X E Z P H N E R Q V S T S K R O T
N L T R V H Y X N S C N R C I R X E I T N E L I V
H T L R E H C K B G M E U A E S V M I X I D D R M
Y O M L A M L R S N C A M C N L S C B N E I Z V B
M L L N I P O L W I S S N B E C K E D E N N E L E
C I B I P W E N J T N A L H E E E E R G L K I F T
H T S M D G D E I E D Y L E R R E R S D M L P D H
I D L T N A L O R E C X H S D R E N N O D S S I L
M H E A L C Y U O R S T C E L E B R A T E E Q P E
N F J R A E D L H G B F E S T I V A L K F L R U H
E R Y R C O T T I N S E L T H K N M G F H A A C E
Y R I D L A A O A N N O U N C E M E N T I S T X M
T M L P N E S J E D A S H E R Y E K R U T R S S D
H R H R R A F H X N B N G V W K K T E M O C T T E
O S W W N T C F T L L N R D Z S Y O T P T S P R C
L T H A P P Y T I N H A F A F S W Y F M I G E G O
L H K C I N . T S O D T P R R S D R L L J G S O R
Y G K P K N Z K L E C A H D O P U W R L O J D N A
K I T U Z E M Y C L G F D W S I D N O O O F R G T
K L N N N P I N E E Q O I V T R P L R R D J A G I
S E L C I C I F A J L N M C Y I K C R P C N C E O
T D R H F R N N C L T M A W Q T S S E D A R A P N
S E A S O N T P S E K K D M E R R Y T R N R W T S
S T N E S E R P R S E L D N A C M W S T F I G G S
```

WORD SEARCH 28

```
Z X T N A E G A P R N R E N N O D R N O S A E S K
Q K S E L D N A C Y U M R C C E L E B R A T E Q T
T I D I N G S L L I W D O O G F P L E M M F D B O
F E S T I V A L S B N P O E R P D C Q G J Q E T Y
N M B K X L K L L P U N I L K W N H K O Y Q C I S
N N E W Q F E I T N N P N W P A A T K N T G O R T
P N T Q K G T S C P I N E F D H T Z R G R J R I H
M V H M N Z E H D A S H E R Q F S N F G A A A P G
I B L A E L A N N O U N C E M E N T R E P I T S I
S H E N A C O W C R G S V A C A T I O N M T I T L
T O H S N E X I V E L S G T D M C P S B M T O N B
L L E N L N D J T W R Y E N C E T H T J R E N E N
E L M F R U I T C A K E D D I W R F Y L I S S V W
T Y R E E D N I E R D G M N A T S C I M B N N D R
O Y P S E L C I C I D S N O A R E D A R B I T A E
E Z R H V J M B W Y E E S I N C A E W S O O J G A
K R E S O W M R E V L T C K S I W P R O N P I H T
C D S D N L A I L L S L I E G S E N R G R F S N H
I I E R V D I E R I L P O N M N E S W R T C Y T C
N P N A E M N D L A D S R J S B R R M S R P U R H
. U T C R A Z N A C C E T A Q E E X D O P R A D I
T C S K M H N X O Y E L L R N F L R O A K T O H M
S K M L C V T L M L N R E S I C D G H E S L O R N
R E T N I W D M U S A U C E W P E L Y Q L L M N E
M E R R Y J N Y T E M O C R R G S R K S Y T Y F Y
```

WORD SEARCH 29

H W P M X C M N P J A N N O U N C E M E N T K K T
P I P Y I Q E G O U Y X C D K D M E G O O R C S T
L N M E R R Y R N B N L N K E E D S E L C I C I I
O T X Y S T A R E I B C L K M C M E V N N D X T R
D E N K L E C C F M S I H O B O E R L . N T P I I
U R M J G M D Q L I O S R H J R H M T S M N T N P
R D A S H E R A F E R N E M X A M S B W H E P S S
S Z H K Y B L R R P R D I R K T M S E E F V O E G
T L N U S Y U R R A E S M E D I C T T P R D I L O
H X L T E I E E K R P D I K S O W I H Y D A N D N
G E S K T C S X C K P R S D B N L C L T C G S I G
I I R C N E H A H M B A T B K S H K E R I O E P G
L U A A N S S O N N N C L H M O S E H A F O T U E
T K D T L L S O L N T I E R L E D R E P F D T C P
E N S E D E E H Q L T X T Y V G F S M K A W I H R
D W G G A L D K T Z Y P O L R S A L E S R I A I A
S N R S N O B O E T S W E H O L I D A Y T L B M N
A A O E L I Y N Y Q B D O T N A E G A P J L G N C
V N U L A S T R S R Y E W R Z C E L E B R A T E E
F I S C B T A E F G S D L O S T F I G X L P F Y R
R C X M E D H R E N N T N L R H G N R R C F P N T
O M F E E T C W Q R K I A A S C I Q K O E P T B T
S L L C N T E M O C G M D R C B G P L I A P I N E
T R E N N O D Z L F E S T I V A L D P H S T A N D
Y L S P I R T S E L D N A C T R E E D N I E R C K

WORD SEARCH 30

E R S M R L W H F B Q L L I W D O O G Y E K R U T
G D E P C K E D W I N T E R R E N N O D K L Q C N
O S E E I E J S N R R G D A S H E R L S A L E S Y
O D D C D R R T N K K O H O L I D A Y H C N U P U
R E P W E N I E K I H N S O S P M N M E R R Y X L
C R R R O M I T M H T G T E K G C E L E B R A T E
S C W M A R B E L O J G I L N H N K Y N K V L P T
X A W R S N C E R L N E C S S T F I G T Z H F R I
E S B T E N C Y R Y K I K E J S G G T W R R G E D
N L S E K A D E R G G D E A N D B M N E U A K S E
Y I U E L C T A R L M T R S T R I P S I E R P E D
L Y N Y O L D H W S A N S O L A L W T V S R T N I
G I N L H E S M L R H E J N L C R C Z V D S G T P
P N D D C D D E I N R V W Z T N A E G A P J E S U
T M L E Z L G R V R J D P R I K S E L D N A C R C
F I N C X N B K I F A A E C E R D Y Q H Y J Q J D
R S E O A O E C X Q H C I F E S T I V A L D P J N
O T I R S B T H E X N C L K C I N . T S H A N O M
S L P A T B H I N A L L T E P K M B S P R O E A D
T E X T H I L M D E T Y Y K S M L T L A D L L O C
Y T Y I G R E N S H B P L E L I A O D S S N L L J
B O J O I T H E K G P V V L T R D E F Y A L A J Y
X E J N L V E Y Q A V L T Z O U S L O J S U L T C
R Z T S L G M J H N E Q E X R J H T T E M O C T S
P O I N S E T T I A N N O U N C E M E N T L F E W

SPRING

WORD SEARCH 31

Find the words in the grid. Words can go horizontally, vertically and diagonally in all eight directions.

P K A N N O U N C E M E N T J G L E O N
A S R C E S W S A U C E D F R O S T Y L
R E O I T R T E M T F O S S E L D N A C
A L P A A S Y V N F L B P U N C H G J R
D C R D L L R L R L H O L Y K R O B E Q
E I E E L I G E S T E M O C Y O L C S F
S C D O F V E M L I G H T S D I N S A R
C I H C C E L E B R A T E W T A L F L U
H B D A S H E R E U L B I Z D E W E E I
I C S E Y R E N N O D L E E G D E S S T
M P E D C T N P Q S L N V N M E N T D C
N B B R W E R U P D P I A E T C A I I A
E E N E E O M A M R L I R N N O D V P K
Y T G R L M R B P A I R N D E R R A U E
L H G I G L O C E C Y B X E V A E L C N
I L X R F O S N J R Y G B Q D T S Y N O
S E S Y O T N V I O E D M O A I S P A S
T H Y R I A S G R E L L N A N O I P E A
S E S A C R E D G N S L U A H N N A L E
M M D S G N I T E E R G Y Y C S G H C S

Advent
airy
alive
anew
Angels
Announcement
Bells
Bethlehem
Blitzen
blue
Candles
Candy

Cards
Cedar
Celebrate
Ceremonies
Chimney
clean
Cold
Comet
Crowds
Cupid
Dancer
Dasher

December
Decorations
Dolls
Donner
Dressing
Eggnog
Elves
Festival
Fir
free
Frosty
Fruitcake

Gifts
Goodwill
green
Greetings
Ham
Happy
Holly
Holy
Icicles
Jolly
Lights
Lists

Merry
new
Noel
Parades
Party
Pie
Pine
Punch
pure
Ribbon
Sacred
Sales

Sauce
Season
Sled
soft
Star
Toys
Yule

WORD SEARCH 32

Find the words in the grid. Words can go horizontally, vertically and diagonally in all eight directions.

```
G R E E T I N G S Z T E L C A R I M K P
W E N A N N O U N C E M E N T N H R I B
P S D R E S S I N G T L D S A U C E F S
Y A T M T E T C Z G U S R E N N O D R E
R D R A X B N S E Y O J D H C R N N O V
R S N T R E E I I R O N F W O E P E S L
E T T A Y T V M P L E S G I O L M T T E
M A M T C H D E L B L M C G R R L B Y B
D N N O E L A Y U E E O O V E H C Y E B
E D A S H E R F G L L L L N T F Z M L R
C I P P S H R N R D B A L Y I V R I A N
O C Y U U E A E F M V H J S N E T E Y H
R I P N L M C R L I S O D Q S Z S A E N
A C P C Y N U L T K D L I S E L D N A C
T L A H A I I S N S R Y P N L I D N S H
I E H D T W E R Y L A D U M L O E P E I
O S J C D F A O X F C E C O L W I G L M
N N A O P D T E M O C L H L Y R I A A N
S K O F E S T H G I L S S S T F I G S E
E G R C F A I R C E L E B R A T E Z M Y
```

Advent	Cards	December	Frosty	Jolly	Punch
airy	Cedar	Decorations	Fruitcake	Lights	Sales
anew	Celebrate	Dolls	Gifts	Lists	Sauce
Angels	Ceremonies	Donner	Goodwill	lush	Sled
Announcement	Chimney	Dressing	Greetings	Merry	Stand
Bells	Cold	Eggnog	Ham	Miracle	Star
Bethlehem	Comet	Elves	Happy	new	tender
Blitzen	Crowds	fair	Holiday	Noel	Tinsel
blue	Cupid	Festival	Holly	Party	Toys
Candles	Dancer	Fir	Holy	Pie	Trips
Candy	Dasher	free	Icicles	Pine	Yule

WORD SEARCH 33

Find the words in the grid. Words can go horizontally, vertically and diagonally in all eight directions.

```
S D D R E S S I N G L N T T E M O C N J
D A S H E R D N A T S S R I C I C L E S
T E C H N N E W S E L D N A C H C N U P
J C C R O F V P O E E Y L L O J T G R M
L L E E E L I Z G R D F R U I T C A K E
A T L R M D L N E P C C E L E B R A T E
V D B V E B A Y E Y R B T S S T H G I L
I E E R G M E W R I L J N D S A L E S L
T C T Y G T O R F I C D E R N E M T Y Y
S O H A N W E N T F O S V A Y O V L O P
E R L D O M E Z I L Y C D C S T B L T P
F A E I G W E R L E L H A Y E B R B E A
E T H L J N E S G R S I D P D M E A I H
L I E O M C Y O A C E M I E A N A L P R
U O M H N T O D O C R N P U R P A H L H
Y N M A S D E L U A E E U L A G I C L S
H S D O W C D A W T Z Y C B P R I E I R
O K R I A F S G N I T E E R G Z M F S A
L F L A I R Y A N N O U N C E M E N T T
Y L L M R E N N O D P A G E A N T L S S
```

Advent	Cedar	Dolls	Goodwill	new	Sled
airy	Celebrate	Donner	Greetings	Noel	soft
alive	Ceremonies	Dressing	Ham	Pageant	Stand
Angels	Chimney	Eggnog	Happy	Parades	Star
Announcement	Cold	Elves	Holiday	Party	Toys
Bells	Comet	fair	Holly	Pie	warm
Bethlehem	Crowds	Festival	Holy	Pine	Yule
Blitzen	Cupid	Fir	Icicles	Punch	
blue	Dancer	free	Jolly	Ribbon	
Candles	Dasher	Frosty	Lights	Sacred	
Candy	December	Fruitcake	Lists	Sales	
Cards	Decorations	Gifts	Merry	Sauce	

WORD SEARCH 34

Find the words in the grid. Words can go horizontally, vertically and diagonally in all eight directions.

```
Y P P A H T B S G N I T E E R G F A I R
C W K L A G S N O I T A R O C E D R A K
M E E H P P A N N O U N C E M E N T P Z
B O R S P R I R R H D A S H E R S I X D
N F F E Y L A E O C H E E R Y J N N O N
V R R R M D F L M Y V S A U C E O N W D
D O U F E O I S E L D N A C B B N L E V
I S I C G D N M E L M F O L S E E R L S
P T T D A N B I P O L A I B R T C L T Y
U Y C Y E H I L E H N T H R B A S A L G
C T A B R C Y S U S Z K E C S I N I N S
H N K E Y I E D S E R C S H L D R I L G
Q E E T R D A M N E N W T I E R W Y O G
R V S H R O S C B A R T F M D E L O S N
G D D L E L O X D E C D I N N O D L R N
O A R E M L F S P I R T G E H W E F E C
N Y A H D S T H G I L P R Y I G Q W T H
G U C E C E L E B R A T E L N T O Y S R
G L J M I C I C L E S L L A L H C N U P
E E T E M O C F E S T I V A L P A R T Y
```

Advent	Cedar	December	Frosty	Icicles	renewing
airy	Celebrate	Decorations	Fruitcake	Jolly	Ribbon
Angels	Ceremonies	Dolls	Gifts	Lights	Sacred
Announcement	cheery	Donner	Goodwill	Lists	Sauce
Bells	Chimney	Dressing	Greetings	Merry	Sled
Bethlehem	Cold	Eggnog	Ham	new	soft
Blitzen	Comet	Elves	Happy	Noel	Stand
blue	Crowds	fair	happy	Party	Star
Candles	Cupid	Festival	Holiday	Pie	Toys
Candy	Dancer	Fir	Holly	Pine	Trips
Cards	Dasher	fresh	Holy	Punch	Yule

WORD SEARCH 35

Find the words in the grid. Words can go horizontally, vertically and diagonally in all eight directions.

```
Y U L E B D Y E B Y G C E L E B R A T E
B L P W S E D D N L D N A T S E P A G P
L T O L V O L Y M I U N T R C I B I G C
A D E H N Y L L O H P E A N E T E R I P
V D O N N R Y T S O R F A C N R T Y F F
I B E L S E L D N A C D G A A M H G T R
T R S A L E S Y C T R K E D L V L O S U
S C N P D S E R H Y I G E H M B E O L I
E Z E A E W V R I P A C A N L J H D D T
F T X R C A L E M P F P G I O Y E W E C
R N I T E R E M N H P S T O L E M I C A
F E V Y M M Y K E Y A Z D L N C L L O K
S V H N B H O S Y H E M O W O G E L R E
T D O X E S L N G N L J R L O A G M A R
H A L R R E S L I S T S D Y N R M E T R
G J I W G R D G R E E T I N G S C V I D
I F D N E F R N A S S E L C I C I I O I
L R A T S N A N N O U N C E M E N T N P
J N Y S A U C E E F T E M O C R J C S U
G N I S S E R D W T D A S H E R R A D C
```

active
Advent
airy
anew
Angels
Announcement
Bells
Bethlehem
Blitzen
blue
Candles

Candy
Cards
Cedar
Celebrate
Ceremonies
Chimney
clean
Cold
Comet
Crowds
Cupid

Dancer
Dasher
December
Decorations
Dolls
Donner
Dressing
Eggnog
Elves
fair
Festival

Fir
fresh
Frosty
Fruitcake
Gifts
Goodwill
Greetings
Ham
Happy
Holiday
Holly

Holy
Icicles
Jolly
Lights
Lists
Merry
new
Noel
Pageant
Party
Pie

Pine
Sales
Sauce
Sled
soft
Stand
Star
Vixen
warm
Yule

WORD SEARCH 36

Find the words in the grid. Words can go horizontally, vertically and diagonally in all eight directions.

L E P C E L E B R A T E S D W O R C R G
S C I N T C Y S E L A S P A T D B H I M
E U E F O R H G W E N I G Y C L E F F R
I A O M R A W O R B N D P N I R T L E G
N S E E S C T N V E L P E T I S E C S D
O T M R D O T G F T A C Z C Q T N D O M
M D L U R L N G R H L E H M E A E L W A
E E I P A D E E O L N I Y I D M L E G H
R C K P C L V A S E Y A G T M S B I R Q
E O H A U J D I T H P M E H R N F E V G
C R F S C C A R Y E F H V L T A E I R E
H A H H R T S Y S M C R G Q C S P Y R G
O T Y H O E I L A N N O U N C E M E N T
L I U D V L E U U B I H O L I D A Y F R
Y O L L N G L P R C P M F B Q S N N A S
S N E D N A V Y I F R A T S E N S D I Y
T S T A N D C C S E L D N A C L E E R O
S K N O E L L N D A S H E R G C L E R T
I E U L B E R E N N O D Y L L O J S R D
L Z F E S T I V A L L L I W D O O G Y G

Advent
airy
alive
Angels
Announcement
Bells
Bethlehem
Blitzen

Cedar
Celebrate
Ceremonies
Chimney
clean
Cold
Comet
Crowds

Decorations
Dolls
Donner
Dressing
Eggnog
Elves
fair
Festival

Goodwill
green
Greetings
Ham
Happy
Holiday
Holly
Holy

lush
Merry
new
Noel
Party
Pie
Pine
Punch

Sled
soft
Stand
Star
Toys
warm
Yule

WORD SEARCH 37

Find the words in the grid. Words can go horizontally, vertically and diagonally in all eight directions.

W	Y	Y	L	C	E	L	E	B	R	A	T	E	H	F	B	N	G	R	Y
E	A	P	A	I	C	P	P	M	L	I	S	T	S	L	O	I	I	L	A
N	D	P	I	R	G	E	I	F	A	B	D	N	I	E	F	B	L	L	W
A	I	A	R	E	T	H	R	N	I	H	Y	T	L	T	B	O	I	E	S
D	L	H	Y	C	N	G	T	E	E	R	Z	D	S	O	H	V	N	Y	F
E	O	P	O	N	E	R	N	S	M	E	D	E	N	T	E	M	O	C	R
C	H	L	G	A	V	B	B	I	N	O	S	E	L	A	R	T	M	D	U
O	D	C	R	R	D	E	T	E	S	J	N	D	L	C	C	I	O	Z	I
R	P	R	E	P	A	T	G	F	L	S	D	I	W	S	A	L	P	S	T
A	A	S	E	V	P	H	M	N	O	L	E	E	E	O	L	R	L	S	C
T	G	D	T	J	P	L	D	K	G	S	S	R	C	S	R	E	I	S	A
I	E	R	I	O	U	E	I	Y	O	A	F	J	D	E	G	C	E	M	K
O	A	A	N	L	N	H	P	R	N	L	R	J	N	N	M	V	L	R	E
N	N	C	G	L	C	E	U	R	G	E	O	C	A	G	L	B	E	M	S
S	T	M	S	Y	H	M	C	E	G	S	S	H	E	E	S	C	E	T	T
A	N	N	O	U	N	C	E	M	E	N	T	I	L	G	N	T	E	R	A
L	L	I	W	D	O	O	G	H	O	L	Y	M	C	A	R	I	A	F	R
Y	T	R	A	P	S	E	L	D	N	A	C	N	D	B	P	D	B	N	Z
N	D	A	S	H	E	R	P	A	R	A	D	E	S	R	E	N	N	O	D
F	E	S	T	I	V	A	L	E	U	L	B	Y	L	C	E	C	U	A	S

Advent
airy
alive
anew
Angels
Announcement
Bells
Bethlehem
Blitzen
blue
Candles
Candy
Cards
Cedar
Celebrate
Ceremonies
Chimney
clean
Cold
Comet
Crowds
Cupid
Dancer
Dasher
December
Decorations
Dolls
Donner
Dressing
Eggnog
Elves
fair
Festival
Fir
Frosty
Fruitcake
Gifts
Goodwill
Greetings
Ham
Happy
Holiday
Holly
Holy
Jolly
Lights
Lists
Merry
Miracle
new
Noel
Pageant
Parades
Party
Pie
Pine
Prancer
Punch
Ribbon
Sales
Sauce
Sled
soft
Stand
Star
Toys
Trips

WORD SEARCH 38

Find the words in the grid. Words can go horizontally, vertically and diagonally in all eight directions.

```
C S P S E N L L I W D O O G W R J Z W S
H L D N E E A N N O U N C E M E N T R Y
I A I W L V D E L S O E N T H B N A Z O
M P I U O M L E V E B A I A D M D S Y T
N K Y R Y R G E L L N T M P C E R T A N
E H O L Y G C C I K T E M O C C P A D B
Y R L S N O I T A R O C E D Y E Q N I E
C O P O N R Z D A S H E R D R D M D L T
H E G U E E R P T G N E U I R L N A O H
K K R C N K X A N I K V P P E F V A H L
B Y N E F C R I E F F I R U M I S G C E
J A P M M R H T V T F T M C T L Y R T H
D Y N P L O O K D S V C X S E G T E R E
B Z Y N A I N S A T N A E G A P R E S M
S E L A S H S I T L S F N D D C A T E S
C E L E B R A T E Y D A V C O Z P I L A
L R O L E C U A S S R T K L N L R N C C
U B J J S S E D A R A P D M N R L G I R
S G N I S S E R D F C H T A E R W S C E
H L I G H T S S E L D N A C R P G W I D
```

active	Candy	Dasher	Gifts	Lists	pure
Advent	Cards	December	Goodwill	lush	Sacred
airy	Cedar	Decorations	Greetings	Merry	Sales
anew	Celebrate	Dolls	Ham	new	Sauce
Angels	Ceremonies	Donner	Happy	Noel	Sled
Announcement	Chimney	Dressing	Holiday	Pageant	Stand
Bells	Cold	Eggnog	Holly	Parades	Star
Bethlehem	Comet	Elves	Holy	Party	Toys
Blitzen	Crowds	Festival	Icicles	Pie	Vixen
breezy	Cupid	Fir	Jolly	Pine	Wreath
Candles	Dancer	Frosty	Lights	Punch	Yule

WORD SEARCH 39

Find the words in the grid. Words can go horizontally, vertically and diagonally in all eight directions.

```
T E M O C K S Y O T R S P R E N N O D C
F W S D E L S Y D C R S D A A I R Y A H
R E H T E R L L O N I E D W R L T P N I
O N C O S L A L N G A L E L O T H P E M
S S N K O I D T R O F C C U C R Y A W N
T D U H P W L N S N S I O S L B C H S E
Y R P D A S H E R G T C R H L B B A G Y
M A J O L L Y V C G N I A I K H L I R D
K C B W K X U D Z E E F T T M E F A O S
F S E A L D L A C M S Z I I S T D L L R
R T T R C P E G L E E N O R S E L E Z M
U H H M I H B C N N R X N I C S G S E Y
I G L N A H O E E I P E S P D N E R P A
T I E W L H C L L M S H M S A V R R I D
C L H S A U C E Y L B S N O L Y E T E I
A C E L E B R A T E S E E E N C V E D L
K M M S G N I T E E R G R R N I R X I O
E A N N O U N C E M E N T A D F E T P H
W F E S T I V A L G O O D W I L L S U K
T F O S S E L D N A C E L C A R I M C X
```

Advent	Cards	December	Frosty	Jolly	Presents
airy	Cedar	Decorations	Fruitcake	Lights	Punch
anew	Celebrate	Dolls	Gifts	Lists	Sales
Angels	Ceremonies	Donner	Goodwill	lush	Sauce
Announcement	Chimney	Dressing	Greetings	Merry	Sled
Bells	Cold	Eggnog	Ham	Miracle	soft
Bethlehem	Comet	Elves	Happy	new	Spirit
Blitzen	Crowds	fair	Holiday	Noel	Star
blue	Cupid	Festival	Holly	Party	Toys
Candles	Dancer	Fir	Holy	Pie	warm
Candy	Dasher	free	Icicles	Pine	Yule

WORD SEARCH 40

Find the words in the grid. Words can go horizontally, vertically and diagonally in all eight directions.

D L L I W D O O G L J F R C T K F A I R
E H O L L Y C M T O N R O P Y R R E M E
C Y G S I B D E L S E L R A P D U G I L
O P R Y S E L L R C D A W R G I I O C C
R P E O T T Y E N E D P E T T P T N I A
A A E T S H C A O E M S N Y R U C G C R
T H T L S L D G C N E O A M S C A G L I
I N I C A E R E N N O D N E A Q K E E M
O P N H L H A D T I I T V I T H E X S S
N I G I E E D S E L S L P G E S D B S D
S N S M S M L T O C E S I Y L S L T O R
L E A N F K R H T N E F E E D I A L N A
Y B T E M O C G N R T M G R T N L L X C
S F E Y L J F I E S A N B Z D S A C J R
B D I L E C R L V Q A T E E S A U C E V
H L W R L T O H D W E N S T R A F F I C
E O U O Y S S J A V X C E L E B R A T E
E P L E R U T A N N O U N C E M E N T Z
R L I Y L C Y R K F E S T I V A L M R L
F P S E L D N A C R Y Y D A S H E R J B

Advent	Cedar	December	Frosty	Jolly	Presents
anew	Celebrate	Decorations	Fruitcake	Lights	pure
Angels	Ceremonies	Dolls	Gifts	Lists	Sales
Announcement	Chimney	Donner	Goodwill	lush	Sauce
Bells	clean	Dressing	Greetings	Merry	Season
Bethlehem	Cold	Eggnog	Ham	Miracle	Sled
Blitzen	Comet	Elves	Happy	new	Stand
blue	Crowds	fair	Holiday	Noel	Star
Candles	Cupid	Festival	Holly	Party	Toys
Candy	Dancer	Fir	Holy	Pie	Traffic
Cards	Dasher	free	Icicles	Pine	

SOLUTION

WORD SEARCH 31

P K A N N O U N C E M E N T J G L E O N
A S R C E S W S A U C E D F R O S T Y L
R E O I T R T E M T F O S S E L D N A C
A L P A A S Y V N F L B P U N C H G J R
D C R D L L R L R L H O L Y K R O B E Q
E I E E L I G E S T E M O C Y O L C S F
S C D O F V E M L I G H T S D I N S A R
C I H C C E L E B R A T E W T A L F L U
H B D A S H E R E U L B I Z D E W E E I
I C S E Y R E N N O D L E E G D E S S T
M P E D C T N P Q S L N V N M E N T D C
N B B R W E R U P D P I A E T C A I I A
E E N E E O M A M R L I R N N O D V P K
Y T G R L M R B P A I R N D E R R A U E
L H G I G L O C E C Y B X E V A E L C N
I L X R F O S N J R Y G B Q D T S Y N O
S E S Y O T N V I O E D M O A I S P A S
T H Y R I A S G R E L L N A N O I P E A
S E S A C R E D G N S L U A H N N A L E
M M D S G N I T E E R G Y Y C S G H C S

WORD SEARCH 32

G R E E T I N G S Z T E L C A R I M K P
W E N A N N O U N C E M E N T N H R I B
P S D R E S S I N G T L D S A U C E F S
Y A T M T E T C Z G U S R E N N O D R E
R D R A X B N S E Y O J D H C R N N O V
R S N T R E E I I R O N F W O E P E S L
E T T A Y T V M P L E S G I O L M T T E
M A M T C H D E L B L M C G R R L B Y B
D N N O E L A Y U E E O O V E H C Y E B
E D A S H E R F G L L L L N T F Z M L R
C I P P S H R N R D B A L Y I V R I A N
O C Y U U E A E F M V H J S N E T E Y H
R I P N L M C R L I S O D Q S Z S A E N
A C P C Y N U L T K D L I S E L D N A C
T L A H A I I S N S R Y P N L I D N S H
I E H D T W E R Y L A D U M L O E P E I
O S J C D F A O X F C E C O L W I G L M
N N A O P D T E M O C L H L Y R I A A N
S K O F E S T H G I L S S S T F I G S E
E G R C F A I R C E L E B R A T E Z M Y

WORD SEARCH 33

S D D R E S S I N G L N T T E M O C N J
D A S H E R D N A T S S R I C I C L E S
T E C H N N E W S E L D N A C H C N U P
J C C R O F V P O E E Y L L O J T G R M
L L E E E L I Z G R D F R U I T C A K E
A T L R M D L N E P C C E L E B R A T E
V D B V E B A Y E Y R B T S S T H G I L
I E E R G M E W R I L J N D S A L E S L
T C T Y G T O R F I C D E R N E M T Y Y
S O H A N W E N T F O S V A Y O V L O P
E R L D O M E Z I L Y C D C S T B L T P
F A E I G W E R L E L H A Y E B R B E A
E T H L J N E S G R S I D P D M E A I H
L I E O M C Y O A C E M I E A N A L P R
U O M H N T O D O C R N P U R P A H L H
Y N M A S D E L U A E E U L A G I C L S
H S D O W C D A W T Z Y C B P R I E I R
O K R I A F S G N I T E E R G Z M F S A
L F L A I R Y A N N O U N C E M E N T T
Y L L M R E N N O D P A G E A N T L S S

WORD SEARCH 34

Y P P A H T B S G N I T E E R G F A I R
C W K L A G S N O I T A R O C E D R A K
M E E H P P A N N O U N C E M E N T P Z
B O R S P R I R R H D A S H E R S I X D
N F F E Y L A E O C H E E R Y J N N O N
V R R R M D F L M Y V S A U C E O N W D
O O U F E O I S E L D N A C B B N L E V
I S I C G D N M E L M F O L S E E R L S
P T T D A N B I P O L A I B R T C L T Y
U Y C Y E H I L E H N T H R B A S A L G
C T A B R C Y S U S Z K E C S I N I N S
H N K E Y I E D S E R C S H L D R I L G
Q E E T R D A M N E N W T I E R W Y O G
R V S H R O S C B A R T F M D E L O S N
G D D L E L O X D E C D I N N O D L R N
O A R E M L F S P I R T G E H W E F E C
N Y A H D S T H G I L P R Y I G Q W T H
G U C E C E L E B R A T E L N T O Y S R
G L J M I C I C L E S L L A L H C N U P
E E T E M O C F E S T I V A L P A R T Y

WORD SEARCH 35

Y U L E B D Y E B Y G C E L E B R A T E
B L P W S E D D N L D N A T S E P A G P
L T O L V O L Y M I U N T R C I B I G C
A D E H N Y L L O H P E A N E T E R I P
V D O N N R Y T S O R F A C N R T Y F F
I B E L S E L D N A C D G A A M H G T R
T R S A L E S Y C T R K E D L V L O S U
S C N P D S E R H Y I G E H M B E O L I
E Z E A E W V R I P A C A N L J H D D T
F T X R C A L E M P F P G I O Y E W E C
R N I T E R E M N H P S T O L E M I C A
F E V Y M M Y K E Y A Z D L N C L L O K
S V H N B H O S Y H E M O W O G E L R E
T D O X E S L N G N L J R L O A G M A R
H A L R R E S L I S T S D Y N R M E T R
G J I W G R D G R E E T I N G S C V I D
I F D N E F R N A S S E L C I C I I O I
L R A T S N A N N O U N C E M E N T N P
J N Y S A U C E E F T E M O C R J C S U
G N I S S E R D W T D A S H E R R A D C

WORD SEARCH 36

L E P C E L E B R A T E S D W O R C R G
S C I N T C Y S E L A S P A T D B H I M
E U E F O R H G W E N I G Y C L E F F R
I A O M R A W O R B N D P N I R T L E G
N S E E S C T N V E L P E T I S E C S D
O T M R D O T G F T A C Z C Q T N D O M
M D L U R L N G R H L E H M E A E L W A
E E I P A D E E O L N I Y I D M L E G H
R C K P C L V A S E Y A G T M S B I R Q
E O H A U J D I T H P M E H R N F E V G
C R F S C C A R Y E F H V L T A E I R E
H A H H R T S Y S M C R G Q C S P Y R G
O T Y H O E I L A N N O U N C E M E N T
L I U D V L E U U B I H O L I D A Y F R
Y O L L N G L P R C P M F B Q S N N A S
S N E D N A V Y I F R A T S E N S D I Y
T S T A N D C C S E L D N A C L E E R O
S K N O E L L N D A S H E R G C L E R T
I E U L B E R E N N O D Y L L O J S R D
L Z F E S T I V A L L L I W D O O G Y G

WORD SEARCH 37

W Y Y L C E L E B R A T E H F B N G R Y
E A P A I C P P M L I S T S L O I I L A
N D P I R G E I F A B D N I E F B L L W
A I A R E T H R N I H Y T L T B O I E S
D L H Y C N G T E E R Z D S O H V N Y F
E O P O N E R N S M E D E N T E M O C R
C H L G A V B B I N O S E L A R T M D U
O D C R R D E T E S J N D L C C I O Z I
R P R E P A T G F L S D I W S A L P S T
A A S E V P H M N O L E E E O L R L S C
T G D T J P L D K G S S R C S R E I S A
I E R I O U E I Y O A F J D E G C E M K
O A A N L N H P R N L R J N N M V L R E
N N C G L C E U R G E O C A G L B E M S
S T M S Y H M C E G S S H E E S C E T T
A N N O U N C E M E N T I L G N T E R A
L L I W D O O G H O L Y M C A R I A F R
Y T R A P S E L D N A C N D B P D B N Z
N D A S H E R P A R A D E S R E N N O D
F E S T I V A L E U L B Y L C E C U A S

WORD SEARCH 38

C S P S E N L L I W D O O G W R J Z W S
H L D N E E A N N O U N C E M E N T R Y
I A I W L V D E L S O E N T H B N A Z O
M P I U O M L E V E B A I A D M D S Y T
N K Y R Y R G E L L N T M P C E R T A N
E H O L Y G C C I K T E M O C C P A D B
Y R L S N O I T A R O C E D Y E Q N I E
C O P O N R Z D A S H E R D R D M D L T
H E G U E E R P T G N E U I R L N A O H
K K R C N K X A N I K V P P E F V A H L
B Y N E F C R I E F F I R U M I S G C E
J A P M M R H T V T F T M C T L Y R T H
D Y N P L O O K D S V C X S E G T E R E
B Z Y N A I N S A T N A E G A P R E S M
S E L A S H S I T L S F N D D C A T E S
C E L E B R A T E Y D A V C O Z P I L A
L R O L E C U A S S R T K L N L R N C C
U B J J S S E D A R A P D M N R L G I R
S G N I S S E R D F C H T A E R W S C E
H L I G H T S S E L D N A C R P G W I D

WORD SEARCH 39

T E M O C K S Y O T R S P R E N N O D C

F W S D E L S Y D C R S D A A I R Y A H

R E H T E R L L O N I E D W R L T P N I

O N C O S L A L N G A L E L O T H P E M

S S N K O I D T R O F C C U C R Y A W N

T D U H P W L N S N S I O S L B C H S E

Y R P D A S H E R G T C R H L B B A G Y

M A J O L L Y V C G N I A I K H L I R D

K C B W K X U D Z E E F T T M E F A O S

F S E A L D L A C M S Z I I S T D L L R

R T T R C P E G L E E N O R S E L E Z M

U H H M I H B C N N R X N I C S G S E Y

I G L N A H O E E I P E S P D N E R P A

T I E W L H C L L M S H M S A V R R I D

C L H S A U C E Y L B S N O L Y E T E I

A C E L E B R A T E S E E E N C V E D L

K M M S G N I T E E R G R R N I R X I O

E A N N O U N C E M E N T A D F E T P H

W F E S T I V A L G O O D W I L L S U K

T F O S S E L D N A C E L C A R I M C X

WORD SEARCH 40

D L L I W D O O G L J F R C T K F A I R

E H O L L Y C M T O N R O P Y R R E M E

C Y G S I B D E L S E L R A P D U G I L

O P R Y S E L L R C D A W R G I I O C C

R P E O T T Y E N E D P E T T P T N I A

A A E T S H C A O E M S N Y R U C G C R

T H T L S L D G C N E O A M S C A G L I

I N I C A E R E N N O D N E A Q K E E M

O P N H L H A D T I I T V I T H E X S S

N I G I E E D S E L S L P G E S D B S D

S N S M S M L T O C E S I Y L S L T O R

L E A N F K R H T N E F E E D I A L N A

Y B T E M O C G N R T M G R T N L L X C

S F E Y L J F I E S A N B Z D S A C J R

B D I L E C R L V Q A T E E S A U C E V

H L W R L T O H D W E N S T R A F F I C

E O U O Y S S J A V X C E L E B R A T E

E P L E R U T A N N O U N C E M E N T Z

R L I Y L C Y R K F E S T I V A L M R L

F P S E L D N A C R Y Y D A S H E R J B

WINTER

WORD SEARCH 41

Find the words in the grid. Words can go horizontally, vertically and diagonally in all eight directions.

```
G C O N G E A L N E C S N A E L C D N Y
C R Y S T A L S O C Z O L B R U A R M C
G W A P V Y Z S I N P D O I R L L O R E
N F Q F L R D N S A Y B B L P E N F O N
I N U X F U C C A T R P A I R O A J T T
T B D E O E H R R S E E N R R A N T S I
S E G L L A C K B I T E D T O O E D H G
U A C N R C D T A S S Y S L I M A L G R
D U E M I E H F N S U A B T O Y E N C A
W T N R L W R A B A L V A K L C L T Q D
O Y L S A O O E N M B L T I O A E C E E
N F B Q Z N R L L G U S G A S L T U A R
S O W E D G N R B M E H T R D E A R I P
B D N G S F T F U D T S P W L N M L R O
V A C T I V E C L B O O T S O D I I N I
S S L E E T C O Y R U J N I C A L N O N
L W R N C A C T J R D L O C R R C G S T
I I C I T C R A N T D R A Z Z I L B A T
D N D R E A R Y A V A L A N C H E T E H
E D P C H I L B L A I N S W P F R O S T
```

Abrasion	Avalanche	Calendar	Cold	Dire	Sleet
Accumulation	Barometer	Centigrade	Colder	Dreary	Slide
Active	Beauty	Changes	Coldest	Dusting	Slip
Affect	Bergs	Charm	Colds	Flu	Snow
Air	Blizzard	Chilblains	Congeal	Frost	Storm
Alpine	Blowing	Clean	Cool	Frozen	Wind
Arctic	Blustery	Clear	Crystals	Fuel	
Areas	Bobsled	Climate	Curling	Injury	
Assistance	Boots	Clouds	Daylight	point	
Astronomy	Breath	Coats	Dew	Season	

WORD SEARCH 42

Find the words in the grid. Words can go horizontally, vertically and diagonally in all eight directions.

```
F B S F T C C N M D K H T S E D L O C B
N B L P O Y A B Y R A C L E A R T J M X
D U R L E E G R A L A C T I V E F U E L
I C D E L L A N P R S H S S C I T C R A
R O U C A E L I I L O D C N O L N E X D
E A N R R T N A E W L M O L B R C F E N
Y T D D L E H E F O O S E E O N F L T I
R S M C S I T G C F A L R T A O S L Y W
E A V A L A N C H E E G B B E B C M N E
T Y D H B O E G S N S C R W O R O O T C
S L I D E E U R W O V U T B N N I C S N
U L G D A S N D A I T T Q D O T E A N A
L K I B U N U T S S R K K R A N F L I T
B Q R P T E S F I A N B T L T L A E A S
L A F W Y T U D V R Z S U I U E W N L I
M I S E G N A H C B A M G R G L O D B S
W R M D K I L P T A U R R N L K N A L S
E T A M I L C R V C A I O P T L S R I A
D R A Z Z I L B C D E C P O I N T N H K
R E D L O C V A E S N B O O T S J R C P
```

Abrasion	Avalanche	Calendar	Cold	Dreary	Slide
Accumulation	Barometer	Centigrade	Colder	Flu	Slip
Active	Beauty	Changes	Coldest	Flurries	Snow
Affect	Bergs	Charm	Colds	Frigid	Spell
Air	Blizzard	Chilblains	Congeal	Frost	Unusual
Alpine	Blowing	Clean	Cool	Fuel	Wind
Arctic	Blustery	Clear	Curling	Intense	
Areas	Bobsled	Climate	Dew	point	
Assistance	Boots	Clouds	Dire	Season	
Astronomy	Breath	Coats	Disturbance	Sleet	

WORD SEARCH 43

Find the words in the grid. Words can go horizontally, vertically and diagonally in all eight directions.

K N E Z O R F B O O T S L O O C Y L F Y
D P A B A F C T C O L D S W O M E B K R
R B O E R F M R A H C L E L O U E D S E
E E Z I L E F D Z B D D D N F R L D D T
A A K M N C A E N L A E O G G P I E U S
R U L F Q T X T C G S R N S N R L D O U
Y T A C T I V E H T T K O O E I P I L L
K Y E G T R D S R S T N I M C A T L C B
S T B E N E K V A K V T S C E O S S M X
N T K C L I M A T E A R A A E T A O U Y
I Q G S I S W H R L A C R L C S E T N D
A X B N A W T O U E H W B E N C A R S N
L O G L I M A M L A P V A N A O R E D L
B W Q N R L U C N B C B D D T N E Y R L
L I D A P C R G T S O R F A S G D B S A
I N W I C R E U F H L X K R I E L S T F
H C N A W S Z P C D D T D L S A O L O W
C E Q O H K D R A Z Z I L B S L C I R O
C E N T I G R A D E M W V R A R Y P M N
K S H A V A L A N C H E N C I T C R A S

Abrasion	Avalanche	Calendar	Cold	Dusting	Slip
Accumulation	Barometer	Centigrade	Colder	Flu	Snow
Active	Beauty	Changes	Coldest	Frost	Snowfall
Affect	Bergs	Charm	Colds	Frozen	Storm
Air	Blizzard	Chilblains	Congeal	Fuel	Warmth
Alpine	Blowing	Clean	Cool	point	Wince
Arctic	Blustery	Clear	Curling	Season	Wind
Areas	Bobsled	Climate	Dew	Skiing	
Assistance	Boots	Clouds	Dire	Sleet	
Astronomy	Breath	Coats	Dreary	Slide	

WORD SEARCH 44

Find the words in the grid. Words can go horizontally, vertically and diagonally in all eight directions.

```
C C A R S L E E T S N I A L B L I H C P
O C O F S E G N A H C K T A C T I V E X
L K R A F D R A Z Z I L B L E U F E N D
D T S Y T E G G S V B R E A T H X C J Z
G T K T S S C H D A L M L W Y N C N L Y
T N I L E T C T K R E R B M C O E A A R
D C I T C R A A K B Y R O V E I N T E E
U P N W E W I L L Z A N A C C S T S G T
S G G F O T R D S E O R S W N A I I N S
T K N Q R L A Q S R N T O O I R G S O U
I G Q U T O B M T N O D I M W B R S C L
N C L O U D S S I O O T A K E A A A T B
G F W B Z X A T B L A W Z R L T D N S C
A V A L A N C H E L C B B P M M E Q E U
D R E A R Y S F U C E O I D B R B R D R
V B F A S D R M O R B N I N E O A E L L
N N E L L O U L G S E G W A A T W H O I
M L U O Z C D S L M I G I E U S Q J C N
C S C E C E K E T R L D N L T C O O L G
H T N A R N D T F R B L D C Y T N I O P
```

Abrasion	Avalanche	Calendar	Cold	Dreary	Slip
Accumulation	Barometer	Centigrade	Colder	Dusting	Slush
Active	Beauty	Changes	Coldest	Flu	Snow
Affect	Bergs	Charm	Colds	Frigid	Storm
Air	Blizzard	Chilblains	Congeal	Frost	Wince
Alpine	Blowing	Clean	Cool	Frozen	Wind
Arctic	Blustery	Clear	Crystals	Fuel	
Areas	Bobsled	Climate	Curling	point	
Assistance	Boots	Clouds	Dew	Skiing	
Astronomy	Breath	Coats	Dire	Sleet	

WORD SEARCH 45

Find the words in the grid. Words can go horizontally, vertically and diagonally in all eight directions.

```
Y R C S K K N D R A Z Z I L B B O O T S
S R W L S H O W E R S M J G N I L R U C
N M O U I R I K D H C B R F R I G I D Z
I B N S L M S T T A E O S A C F D M Y N
A E S H M F A M N R F D O E H E W M A B
L A D L O C R T G O L F N L L C O E N E
B U N C G A B S E O S T E S P N L O D C
L T I R W B A T C K I A B C O C I N E N
I Y W C I T C R A G L O E R T T Y W W A
H C O N G E A L R P B L T S A C R M W T
C R T S O R F A I L N S E L Y L E T C S
Y R A E R D D N E B A G U P S O T S A I
T H L V R E E U P D A M N L S U S E L S
A C T I V E F B I O U R I I L D U D E S
I C L E A R D R R C I P O C W S L L N A
R E D I L S E L C E S N O M L O B O D W
L I N J U R Y A O Q A A T E E B L C A I
S N O I T I D N O C T T E M N T K B R N
V S E G N A H C F S Z T H R N L E R Q C
K C X L A V A L A N C H E T A Q B R H E
```

Abrasion	Avalanche	Calendar	Cold	Dreary	Slide
Accumulation	Barometer	Centigrade	Colder	Flu	Slip
Active	Beauty	Changes	Coldest	Frigid	Slush
Affect	Bergs	Charm	Colds	Frost	Snow
Air	Blizzard	Chilblains	Conditions	Fuel	Spell
Alpine	Blowing	Clean	Congeal	Injury	Warmth
Arctic	Blustery	Clear	Cool	point	Wince
Areas	Bobsled	Climate	Curling	Season	Wind
Assistance	Boots	Clouds	Dew	Showers	
Astronomy	Breath	Coats	Dire	Sleet	

WORD SEARCH 46

Find the words in the grid. Words can go horizontally, vertically and diagonally in all eight directions.

```
Y Q D R A Z Z I L B M B P G C O A T S C
R C I T C R A M G W D O A A B O O T S L
U T E B G X A N N V I G L R A N P G S I
J Y V N B Y I L C N G P N D O F R K L M
N R T K T T R H T N I N N I E M F R I A
I E K S S I A A D N R F T A W W E E P T
K T W U E N G E E L F A R S E O K T C E
C S D S G D L R A R L K D O D L L L E T
H U G E A S L E A U D U F L S N C B P R
I L S J B E G O M D O U B A C T I V E B
L B R O D N R U C L E E P F S K P W E J
B Z B I O T C A C L R C Q R D V T R Y C
L R S C J C R F L U N N R O L D G M G A
A N E J A S L U S H O A A Z O S O D N L
I A V A L A N C H E I T E E C N B R I E
N N O I T A R U D S S S L N O Z E O L N
S R E W O H S W R L A I C R C C A P R D
R N M R A H C J D I R S T C O D U L U A
T R R E D L O C R D B S K L M C T E C R
E R I D L C O O L E A A D H Y K Y T G M
```

Abrasion	Avalanche	Calendar	Cold	Droplet	point
Accumulation	Barometer	Centigrade	Colder	Duration	Showers
Active	Beauty	Changes	Coldest	Dusting	Slide
Affect	Bergs	Charm	Colds	Flu	Slip
Air	Blizzard	Chilblains	Congeal	Frigid	Slush
Alpine	Blowing	Clean	Cool	Frost	Wind
Arctic	Blustery	Clear	Curling	Frozen	
Areas	Bobsled	Climate	Dew	Fuel	
Assistance	Boots	Clouds	Dire	Injury	
Astronomy	Breath	Coats	Dreary	Inside	

WORD SEARCH 47

Find the words in the grid. Words can go horizontally, vertically and diagonally in all eight directions.

H E C P T G X R D S L Z C Y M D X S C C
F P R A S N N R L A C H M M E M K L U A
W U N I E D O I E D A O T W R N N E R L
K R E R D P D G W N N Q O N N A A E L E
X P M L L E N D G O D I O L T L H T I N
W E B E O O N E R I L I W S P D K C N D
Y C T R C A S T D S T B O I R P P J G A
R N T J E X S E U A T R N E B O O T S R
E A R L L A L T L R F E A B F R O Z E N
T T C L S S T U F B D R A Z Z I L B N S
S S W L B L M H C A Y A C T I V E J M N
U I B O I U U O J B H W B C O L D E R I
L S B A C M A S E J C L E A R P I L S A
B S S C R T A R H P A V A L A N C H E L
C A A D S O G T S A G N U C I T C R A B
L L M L L S M Z E A F L T I N J U R Y L
O W O N S O D E W F E F Y G D L O C N I
U Y N V R T C Z T L A R E V E S M M K H
D E D A R G I T N E C Y A C P O I N T C
S L S L A T S Y R C R S K A T I N G R C

Abrasion
Accumulation
Active
Affect
Air
Alpine
Arctic
Areas
Assistance
Astronomy

Avalanche
Barometer
Beauty
Bergs
Blizzard
Blowing
Blustery
Bobsled
Boots
Breath

Calendar
Centigrade
Changes
Charm
Chilblains
Clean
Clear
Climate
Clouds
Coats

Cold
Colder
Coldest
Colds
Congeal
Cool
Crystals
Curling
Dew
Dire

Dreary
Droplet
Flu
Frost
Frozen
Fuel
Injury
point
Several
Skating

Sleet
Slide
Slip
Slush
Snow
Wind

WORD SEARCH 48

Find the words in the grid. Words can go horizontally, vertically and diagonally in all eight directions.

```
Y L A E G N O C Q W D S N O S A E S D I
R A C T I V E U C I G H A F R O Z E N N
E S P E L L L R R L Y N W E V M L C Y J
T G Q H Y F W E W B O N I C R S S N C U
S S C L I M A T E O A U O W B A L A A R
U C L E A R R R L E N L D O O S I T L Y
L A M U Y T G K L C D S B S L L P S E S
B T F R S S A C D R A Z Z I L B B I N N
S S B F A H I J K H D Y D N B G Y S D I
D O F A E H R N Q V M E O Z E N J S A A
L R D U R C C X S O B I W C A I N A R L
O F N M E O T T N I T R E C U L O S K B
C X F G Y L M O S A D N E O T R I K S L
B O O T S R R E L E T E S A Y U S A Q I
D N I W L T A U T I D K N T T C A T U H
P R L O S L M E G E I L N S N H R I A C
O C O A P U J R R I R P O L C F B N L T
I C D I C M A M N D C I T C R A A G L F
N Z N C B D I G I R F A V A L A N C H E
T E A R E D L O C R R S E G N A H C M T
```

Abrasion	Avalanche	Calendar	Cold	Flu	Skiing
Accumulation	Barometer	Centigrade	Colder	Frigid	Slide
Active	Beauty	Changes	Coldest	Frost	Slip
Affect	Bergs	Charm	Colds	Frozen	Slush
Air	Blizzard	Chilblains	Congeal	Fuel	Snow
Alpine	Blowing	Clean	Cool	Injury	Spell
Arctic	Blustery	Clear	Curling	Inside	Squall
Areas	Bobsled	Climate	Dew	point	Wind
Assistance	Boots	Clouds	Dire	Season	
Astronomy	Breath	Coats	Dreary	Skating	

WORD SEARCH 49

Find the words in the grid. Words can go horizontally, vertically and diagonally in all eight directions.

```
M S J R A V A L A N C H E T S K I I N G
N N L C K D L O C I N S I D E D B D Y H
B I T E L P O R D G N I L R U C E M N B
T A G S E I R R U L F O Y G B L O O T E
S L R V H T M J K H C Q J R S N I Y E A
E B B O R D R A Z Z I L B B O T J R C U
D L P R M E J D T K R B O R A H K E N T
L I O D E E D X E E R B T L E R W T A Y
O H I N N A T L Q W H S U S D D C S T M
C C N I K F T E O H A M U T A E I U S R
N T T W N Q B H R C U D H L N E J L I C
O C M C I T C R A C I G P T F P R B S L
I A C T I V E C C R I I I Q L S I A S O
S L F F G C M A E L N G M A P N N L A U
A E P F N N J R Y E R Y E E A O Y B S D
R N L I E G I A A A M G L E K W E R C S
B D W Z A C D W D H N L L H T R K O H L
A A O R I K T E O O C C S E G N A H C E
M R C F R O S T C L E A R S M T B F C U
F C O O L B O O T S B N D U S T I N G F
```

Abrasion	Avalanche	Calendar	Cold	Droplet	Sleet
Accumulation	Barometer	Centigrade	Colder	Dusting	Slide
Active	Beauty	Changes	Coldest	Flu	Slip
Affect	Bergs	Charm	Colds	Flurries	Snow
Air	Blizzard	Chilblains	Congeal	Frost	Spell
Alpine	Blowing	Clean	Cool	Frozen	Wince
Arctic	Blustery	Clear	Curling	Fuel	Wind
Areas	Bobsled	Climate	Daylight	Inside	
Assistance	Boots	Clouds	Dew	point	
Astronomy	Breath	Coats	Dire	Skiing	

WORD SEARCH 50

Find the words in the grid. Words can go horizontally, vertically and diagonally in all eight directions.

```
A V A L A N C H E Y Q P Y N P S L U S H
D R A Z Z I L B R Q O M O C G N I I K S
S E G N A H C U M I O I E B I N S I D E
D S N L L T J D N N T N N E B O O T S L
R N O A W N F T O A T G U A E R V S J C
E I I E I C U R L I N G L U N R R L L R
A A S G N B T U G H J T F T M E I I L Z
R L A N D S M R D L O C Z Y D R M D E N
Y B R O A U A D C K E L A L R A A E P Y
C L B C C D E P O C C B O F T D Z H S R
A I A C E L B P A O N C R E F M E F C E
L H A B S F O N T L A K X E B E A W N T
E C M B A S R U S D T L T E A L C A H S
N M O L Q R D O D E S M R G P T E T E U
D B P I L S O L S S I G S I N L H I L L
A C I T C R A M O T S W N A C I R V T B
R A C T I V E N E C S E O F E R W K R B
S L E E T A P D G T A Z U N U R C O O L
P K T H G I L Y A D E E R L S N A R L N
T E L P O R D K W K L R F C L E A R R B
```

Abrasion
Accumulation
Active
Affect
Air
Alpine
Arctic
Areas
Assistance
Astronomy

Avalanche
Barometer
Beauty
Bergs
Blizzard
Blowing
Blustery
Bobsled
Boots
Breath

Calendar
Centigrade
Changes
Charm
Chilblains
Clean
Clear
Climate
Clouds
Coats

Cold
Colder
Coldest
Colds
Congeal
Cool
Curling
Daylight
Dew
Dire

Dreary
Droplet
Flu
Flurries
Frost
Fuel
Injury
Inside
point
Skiing

Sleet
Slide
Slip
Slush
Snow
Spell
Wind

SOLUTION

WORD SEARCH 41

```
G C O N G E A L N E C S N A E L C D N Y
C R Y S T A L S O C Z O L B R U A R M C
G W A P V Y Z S I N P D O I R L L O R E
N F Q F L R D N S A Y B B L P E N F O N
I N U X F U C C A T R P A I R O A J T T
T B D E O E H R R S E E N R R A N T S I
S E G L L A C K B I T E D T O O E D H G
U A C N R C D T A S S Y S L I M A L G R
D U E M I E H F N S U A B T O Y E N C A
W T N R L W R A B A L V A K L C L T Q D
O Y L S A O O E N M B L T I O A E C E E
N F B Q Z N R L L G U S G A S L T U A R
S O W E D G N R B M E H T R D E A R I P
B D N G S F T F U D T S P W L N M L R O
V A C T I V E C L B O O T S O D I I N I
S S L E E T C O Y R U J N I C A L N O N
L W R N C A C T J R D L O C R R C G S T
I I C I T C R A N T D R A Z Z I L B A T
D N D R E A R Y A V A L A N C H E T E H
E D P C H I L B L A I N S W P F R O S T
```

WORD SEARCH 42

```
F B S F T C C N M D K H T S E D L O C B
N B L P O Y A B Y R A C L E A R T J M X
D U R L E E G R A L A C T I V E F U E L
I C D E L L A N P R S H S S C I T C R A
R O U C A E L I I L O D C N O L N E X D
E A N R R T N A E W L M O L B R C F E N
Y T D D L E H E F O O S E E O N F L T I
R S M C S I T G C F A L R T A O S L Y W
E A V A L A N C H E E G B B E B C M N E
T Y D H B O E G S N S C R W O R O O T C
S L I D E E U R W O V U T B N N I C S N
U L G D A S N D A I T T Q D O T E A N A
L K I B U N U T S S R K K R A N F L I T
B Q R P T E S F I A N B T L T L A E A S
L A F W Y T U D V R Z S U I U E W N L I
```

WORD SEARCH 43

K N E Z O R F D O O T S L O O C Y L F Y
D P A B A F C T C O L D S W O M E B K R
R B O E R F M R A H C L E L O U E D S E
E E Z I L E F D Z B D D D N F R L D D T
A A K M N C A E N L A E O G G P I E U S
R U L F Q T X T C G S R N S N R L D O U
Y T A C T I V E H T T K O O E I P I L L
K Y E G T R D S R S T N I M C A T L C B
S T B E N E K V A K V T S C E O S S M X
N T K C L I M A T E A R A A E T A O U Y
I Q G S I S W H R L A C R L C S E T N D
A X B N A W T O U E H W B E N C A R S N
L O G L I M A M L A P V A N A O R E D L
B W Q N R L U C N B C B D D T N E Y R L
L I D A P C R G T S O R F A S G D B S A
I N W I C R E U F H L X K R I E L S T F
H C N A W S Z P C D D T D L S A O L O W
C E Q O H K D R A Z Z I L B S L C I R O
C E N T I G R A D E M W V R A R Y P M N
K S H A V A L A N C H E N C I T C R A S

WORD SEARCH 44

C C A R S L E E T S N I A L B L I H C P
O C O F S E G N A H C K T A C T I V E X
L K R A F D R A Z Z I L B L E U F E N D
D T S Y T E G G S V B R E A T H X C J Z
G T K T S S C H D A L M L W Y N C N L Y
T N I L E T C T K R E R B M C O E A A R
D C I T C R A A K B Y R O V E I N T E E
U P N W E W I L L Z A N A C C S T S G T
S G G F O T R D S E O R S W N A I I N S
T K N Q R L A Q S R N T O O I R G S O U
I G Q U T O B M T N O D I M W B R S C L
N C L O U D S S I O O T A K E A A A T B
G F W B Z X A T B L A W Z R L T D N S C
A V A L A N C H E L C B B P M M E Q E U
D R E A R Y S F U C E O I D B R B R D R
V B F A S D R M O R B N I N E O A E L L
N N E L L O U L G S E G W A A T W H O I
M L U O Z C D S L M I G I E U S Q J C N
C S C E C E K E T R L D N L T C O O L G
H T N A R N D T F R B L D C Y T N I O P

WORD SEARCH 45

Y R C S K K N D R A Z Z I L B B O O T S
S R W L S H O W E R S M J G N I L R U C
N M O U I R I K D H C B R F R I G I D Z
I B N S L M S T T A E O S A C F D M Y N
A E S H M F A M N R F D O E H E W M A B
L A D L O C R T G O L F N L L C O E N E
B U N C G A B S E O S T E S P N L O D C
L T I R W B A T C K I A B C O C I N E N
I Y W C I T C R A G L O E R T T Y W W A
H C O N G E A L R P B L T S A C R M W T
C R T S O R F A I L N S E L Y L E T C S
Y R A E R D D N E B A G U P S O T S A I
T H L V R E E U P D A M N L S U S E L S
A C T I V E F B I O U R I I L D U D E S
I C L E A R D R R C I P O C W S L L N A
R E D I L S E L C E S N O M L O B O D W
L I N J U R Y A O Q A A T E E B L C A I
S N O I T I D N O C T T E M N T K B R N
V S E G N A H C F S Z T H R N L E R Q C
K C X L A V A L A N C H E T A Q B R H E

WORD SEARCH 46

Y Q D R A Z Z I L B M B P G C O A T S C
R C I T C R A M G W D O A A B O O T S L
U T E B G X A N N V I G L R A N P G S I
J Y V N B Y I L C N G P N D O F R K L M
N R T K T T R H T N I N N I E M F R I A
I E K S S I A A D N R F T A W W E E P T
K T W U E N G E E L F A R S E O K T C E
C S D S G D L R A R L K D O D L L L E T
H U G E A S L E A U D U F L S N C B P R
I L S J B E G O M D O U B A C T I V E B
L B R O D N R U C L E E P F S K P W E J
B Z B I O T C A C L R C Q R D V T R Y C
L R S C J C R F L U N N R O L D G M G A
A N E J A S L U S H O A A Z O S O D N L
I A V A L A N C H E I T E E C N B R I E
N N O I T A R U D S S S L N O Z E O L N
S R E W O H S W R L A I C R C C A P R D
R N M R A H C J D I R S T C O D U L U A
T R R E D L O C R D B S K L M C T E C R
E R I D L C O O L E A A D H Y K Y T G M

WORD SEARCH 47

```
H E C P T G X R D S L Z C Y M D X S C C
F P R A E N N R L A C H M M E M K L U A
W U N I E D O I E D A O T W R N N E R L
K R E R D P D G W N N Q O N N A A E L E
X P M L L E N D G O D I O L T L H T I N
W E B E O O N E R I L I W S P D K C N D
Y C T R C A S T D S T B O I R P P J G A
R N T J E X S E U A T R N E B O O T S R
E A R L L A L T L R F E A B F R O Z E N
T T C L S S T U F B D R A Z Z I L B N S
S S W L B L M H C A Y A C T I V E J M N
U I B O I U U O J B H W B C O L D E R I
L S B A C M A S E J C L E A R P I L S A
B S S C R T A R H P A V A L A N C H E L
C A A D S O G T S A G N U C I T C R A B
L L M L L S M Z E A F L T I N J U R Y L
O W O N S O D E W F E F Y G D L O C N I
U Y N V R T C Z T L A R E V E S M M K H
D E D A R G I T N E C Y A C P O I N T C
S L S L A T S Y R C R S K A T I N G R C
```

WORD SEARCH 48

```
Y L A E G N O C Q W D S N O S A E S D I
R A C T I V E U C I G H A F R O Z E N N
E S P E L L L R R L Y N W E V M L C Y J
T G Q H Y F W E W B O N I C R S S N C U
S S C L I M A T E O A U O W B A L A A R
U C L E A R R R L E N L D O O S I T L Y
L A M U Y T G K L C D S B S L L P S E S
B T F R S S A C D R A Z Z I L B B I N N
S S B F A H I J K H D Y D N B G Y S D I
D O F A E H R N Q V M E O Z E N J S A A
L R D U R C C X S O B I W C A I N A R L
O F N M E O T T N I T R E C U L O S K B
C X F G Y L M O S A D N E O T R I K S L
B O O T S R R E L E T E S A Y U S A Q I
D N I W L T A U T I D K N T T C A T U H
P R L O S L M E G E I L N S N H R I A C
O C O A P U J R R I R P O L C F B N L T
I C D I C M A M N D C I T C R A A G L F
N Z N C B D I G I R F A V A L A N C H E
T E A R E D L O C R R S E G N A H C M T
```

WORD SEARCH 49

```
M S J R A V A L A N C H E T S K I I N G
N N L C K D L O C I N S I D E D B D Y H
B I T E L P O R D G N I L R U C E M N B
T A G S E I R R U L F O Y G B L O O T E
S L R V H T M J K H C Q J R S N I Y E A
E B B O R D R A Z Z I L B B O T J R C U
D L P R M E J D T K R B O R A H K E N T
L I O D E E D X E E R B T L E R W T A Y
O H I N N A T L Q W H S U S D D C S T M
C C N I K F T E O H A M U T A E I U S R
N T T W N Q B H R C U D H L N E J L I C
O C M C I T C R A C I G P T F P R B S L
I A C T I V E C C R I I I Q L S I A S O
S L F F G C M A E L N G M A P N N L A U
A E P F N N J R Y E R Y E E A O Y B S D
R N L I E G I A A A M G L E K W E R C S
B D W Z A C D W D H N L L H T R K O H L
A A O R I K T E O O C C S E G N A H C E
M R C F R O S T C L E A R S M T B F C U
F C O O L B O O T S B N D U S T I N G F
```

WORD SEARCH 50

```
A V A L A N C H E Y Q P Y N P S L U S H
D R A Z Z I L B R Q O M O C G N I I K S
S E G N A H C U M I O I E B I N S I D E
D S N L L T J D N N T N N E B O O T S L
R N O A W N F T O A T G U A E R V S J C
E I I E I C U R L I N G L U N R R L L R
A A S G N B T U G H J T F T M E I I L Z
R L A N D S M R D L O C Z Y D R M D E N
Y B R O A U A D C K E L A L R A A E P Y
C L B C C D E P O C C B O F T D Z H S R
A I A C E L B P A O N C R E F M E F C E
L H A B S F O N T L A K X E B E A W N T
E C M B A S R U S D T L T E A L C A H S
N M O L Q R D O D E S M R G P T E T E U
D B P I L S O L S S I G S I N L H I L L
A C I T C R A M O T S W N A C I R V T B
R A C T I V E N E C S E O F E R W K R B
S L E E T A P D G T A Z U N U R C O O L
P K T H G I L Y A D E E R L S N A R L N
T E L P O R D K W K L R F C L E A R R B
```

SUMMER

WORD SEARCH 51

Find the words in the grid. Words can go horizontally, vertically and diagonally in all eight directions.

```
X E C L E D G L Y T I N U M M O C T P T
N Y B L O R G A L F C O O R D I N A T E
O X R O A M U K M O J C S L A O G C E T
I C F A L S A D L E V A E S F N H E A T
T P O X N G S O N N S N H L I U Y N S N
A I C U N I R E R E O I S P E C N E E O
C H E P S F L Y S R P M M H H B I D T I
I S L B U I S U F E O A M A T K R R C T
N N E L U A N O C P C N N O O O O A K A
U O B N E L C S M M R T I O C T L G T R
M I R A W U L O S A N D C M U S I C R E
M N A E S T N I N C H G N I M R A H C P
O A T C H E C K E R E D T A B L E C L O
C P I O Y U R E Z N F R E N G U L F I O
T M O M L O T F I F T T R O F M O C M C
H O N T M S L Z T E V I T C E L E L A E
O C U A A O N O I T P M U S N O C G T V
M R L H G N R H C O U N T R Y S I D E O
E C O M M E R C I A L C A S U A L P R K
E N E R G Y C O M M E M O R A T E K N E
```

Camper	Classes	Companionship	Easy	Fun	Money
Camping	Climate	Consumption	Ebullient	Games	Music
Casual	cloths	Cookies	Elective	Garden	Ocean
Celebrate	Colorful	Cooperation	Endure	Globe	Roam
Celebration	Comfort	Coordinate	Energy	Goals	Sand
Chant	Commemorate	Countryside	Engulf	Golf	Sea
Charming	Commercial	Cousins	Evoke	Haste	Ship
Checkered table	Common	Culinary	Flag	Heat	trot
Citizens	Communication	Culture	Focus	Home	
Clamor	Community	Ease	Food	Minor	

WORD SEARCH 52

Find the words in the grid. Words can go horizontally, vertically and diagonally in all eight directions.

```
R T R O T C L A M O R X T G S A E S E F
G N I M R A H C Y G R E N E H K K W T L
X D O O F C O M M U N I C A T I O N A Y
E D E F Q L C E L C E I L F O C U S R I
M N L L O K N O G F E B K Y L E E E O N
F A D R B I L N M E L L O I C L X I B G
G S F U U A I A R M A U E L H E H K A C
P U Y Q R P T U I Y U S G B G B I O L O
L E E R M E T D G C E N Y N R R B O E M
E T V A A L C S E D R N I C E A I C R P
B A C A U N E L U R S E O T X T T R C A
U R M C L S I C A N E N M M Y I I E L N
L O C A S U A L E S S K N M D O O V I I
L M H A J T E Z U U S O C R O N N E M O
I E M E I O I S M C M E G E R C S N A N
E M T O A T R P H M P O S P H G C T T S
N M N O I T T A O I L K L M M C A S E H
T O N C M I N C H F H E R A L D Z M V I
W C N U O T M S N I S U O C E V O K E P
B D F N F E A S E Z T R O F M O C N C S
```

Camper	Classes	Companionship	Elaborate	Focus	Masses
Camping	Climate	Consumption	Endure	Food	Money
Casual	cloths	Cookies	Energy	Fun	Motel
Celebrate	Colorful	Cousins	Engulf	Games	Sand
Celebration	Comfort	Culinary	Equine	Globe	Sea
Chant	Commemorate	Culture	Events	Golf	Ship
Charming	Commercial	Ease	Evoke	Heat	trot
Checkered table	Common	Easy	Exhibitions	Herald	Values
Citizens	Communication	Ebullient	Flag	Hiking	
Clamor	Community	Education	Flying	Major	

WORD SEARCH 53

Find the words in the grid. Words can go horizontally, vertically and diagonally in all eight directions.

E T R O T K W L C A S U A L H A S T E F
X E L R E L B A T D E R E K C E H C Y X
C N R S H V C I E S A E S U C O F C R X
H I C R Y K E C K T A E H C R Z O G C N
A U O E Q E L R O N A E C O L M N U U E
N Q M T T T E E V E B V M V F I L F V H
G E P N C A B M E V E A X O P I M I C Y
E H A U O R R M N E L T R M N N T A T L
S O N O O O A O N C J T A A G C N I T S
C P I C K B T C M O Z C R N E A N D Y E
O E O N I A I S C E I Y U L I U R G S A
L S N E E L O N E E M T E L M D O D A S
O S S D S E N E N N L M A M T L R C E O
R K H E U O B Z E G G E O C F U H O G N
F K I T M R Z I R U A C B C U A R R O N
U W P M O O E T G L M Y X R N D F E A C
L F O O D L H I Y F E Y H T A L E P L K
B C H T W X C C O U S I N S A T V M S R
A E S E C L A S S E S H W G G D E A B N
E B U L L I E N T G N I M R A H C C K Y

Camper
Camping
Casual
Celebrate
Celebration
Chant
Charming
Checkered table
Citizens
Clamor

Classes
Climate
cloths
Colorful
Comfort
Commemorate
Commercial
Common
Community
Companionship

Cookies
Coordinate
Cousins
Culinary
Culture
Ease
Easy
Ebullient
Education
Elaborate

Elective
Encounters
Endure
Energy
Engulf
Equine
Events
Evoke
Exchanges
Flag

Focus
Food
Fun
Games
Garden
Goals
Golf
Haste
Heat
Home

Hopes
Motel
Ocean
Sea
Season
trot

WORD SEARCH 54

Find the words in the grid. Words can go horizontally, vertically and diagonally in all eight directions.

```
M E T A R O M E M M O C H C G R G G L C
K G N I M R A H C Y Z P H A Y O R X A L
E L E C T I V E C Z A A R G S J O Q I I
L C O O K I E S E C N D A G A A U K C M
N U W L F E H E L T E M I O E M P C R A
E A F X U N R K E N E L C L A M O R E T
E N E R N G S O B S T R E F O M M G M E
Z L E C O U H V R E L N T B F H N A M D
N Z B R O L T E A N T S E O R I F O O D
R O C A G F O V T E U A R I P A W G C R
S C I L T Y L C I C C T N M L E T O M L
R O S T A D C Q O S R O A I M L H E A T
E U E E P S E F N N H C M S D N U Q N R
T S G Q A M S R E S A E N M O R C B F E
N I D L U T U E E B R E E M U U O E E P
U N N R O I R S S K Z O M V L N R O L M
O S A K R B N O N I C O V T E U I F C A
C A S U A L E E T O C E U A D N L T D C
N G N I Y L F I V R C R H N L A T R Y L
E S L A O G C N Z M E R E C G F V S R N
```

Camper	Classes	Cookies	Energy	Fun	Motel
Camping	Climate	Coordinate	Engulf	Games	Ocean
Casual	cloths	Cousins	Equine	Garden	Roam
Celebrate	Colorful	Culture	Events	Globe	Sand
Celebration	Comfort	Ease	Evoke	Goals	Scene
Chant	Commemorate	Easy	Flag	Golf	Sea
Charming	Commercial	Ebullient	Flavors	Group	trot
Checkered table	Common	Elective	Flying	Heat	
Citizens	Community	Encounters	Focus	Holiday	
Clamor	Consumption	Endure	Food	Major	

WORD SEARCH 55

Find the words in the grid. Words can go horizontally, vertically and diagonally in all eight directions.

E P V N O I T A R E P O O C G C S E A R
M I K G N I M R A H C F D N F O M N M E
O H R E J T R O F M O C I W C M C G C T
H S E B Q C A S U A L Y C H G M E U O T
X N P O D U T C S D L O A A E E N L M I
E O M L L N I N S F M N M K V R D F M L
L I A G E L I N C M T E T F O C U N U G
B N C V O S E O E S S T L J K I R O N H
A A E R U Z L M L C H A A Y E A E I I E
T P F O I O O S E L G T S E M L P T C D
D M C T R R L F B I F A O U H M G P A I
E O I F A A M Y R M E C S L A T U M T S
R C U T O Y J T A A S I E C C R I U I Y
E L E G N H E I T T C E L L D O D S O R
K K H F L O G N I E P L I W E T E N N T
C L A M O R M U O N U D A K K B X O D N
E N E R G Y Q M N M O F O S O E R C Q U
H N E D R A G M O R R B U O S O A A L O
C U L T U R E O D C G Q R N F E C S T C
S U C O F E N C O U N T E R S V S T E E

Camper
Camping
Casual
Celebrate
Celebration
Chant
Charming
Checkered table
Citizens
Clamor

Classes
Climate
cloths
Colorful
Comfort
Commemorate
Commercial
Common
Communication
Community

Companionship
Consumption
Cookies
Cooperation
Countryside
Cousins
Culture
Ease
Easy
Encounters

Endure
Energy
Engulf
Equine
Events
Evoke
Flag
Flying
Focus
Food

Frolic
Fun
Games
Garden
Glitter
Globe
Goals
Golf
Group
Guide

Heat
Home
Money
Music
Sea
trot

WORD SEARCH 56

Find the words in the grid. Words can go horizontally, vertically and diagonally in all eight directions.

```
N O I T A C U D E F G G S U N I T E R S
T G C N C O W E Y R U J N I K R A F T R
Y A O O E O S T T R X N E I S S B L N E
R M O I L P C A S U A L Z F Y H B O E T
A E R T E E E R N W H Y I W G L T G I N
N S D P B R N O C D P E T U A G F O L U
I C I M R A I M R L M H I I N V Q M L O
L O N U A T U E P O A D C I N E E R U C
U M A S T I Q M H C E S P T R U C E B N
C F T N I O E M O S N M S U A H M P E E
C O E O O N R O U I A C T E A E N M T R
O R K C N O K C S C F L E N S E H A O H
M T N S M I O U T L U I T L E M A C R C
M G E A E F O L A C F M Z E E R A S T T
O A L S E C Q G H E R A L D V B U O E A
N C C H E C K E R E D T A B L E R D R W
J R R C O L O R F U L E K O V E N A N P
E V I T C E L E G N I M R A H C D T T E
M E N E R G Y L A I C R E M M O C G S E
L V N O I T A C I N U M M O C F O O D L
```

Camper	Classes	Consumption	Education	Focus	Ocean
Camping	Climate	Cookies	Elective	Food	Roam
Casual	cloths	Cooperation	Encounters	Fun	Sand
Celebrate	Colorful	Coordinate	Endure	Games	Sea
Celebration	Comfort	Cousins	Energy	Golf	trot
Chant	Commemorate	Culinary	Equine	Guide	Unite
Charming	Commercial	Culture	Events	Heat	Watch
Checkered table	Common	Ease	Evoke	Herald	Wave
Citizens	Communication	Easy	Flag	Home	
Clamor	Community	Ebullient	Flying	Injury	

WORD SEARCH 57

Find the words in the grid. Words can go horizontally, vertically and diagonally in all eight directions.

```
K F C O M M U N I C A T I O N S U C O F
E D U C A T I O N Y T I N U M M O C S F
C U L I N A R Y M C L A M O R W Q N O Y
E F T R O F M O C S B E N I U Q E O R L
T L R L C A S U A L A T T C L Z D C E S
M C B C O M P A N I O N S H I P O T P H
Q E R A G N I M R A H C D T I L A T M T
M L Z O T E N E R G Y G I H O R O O A O
C E T F J D F E P E N C S R O R C R C L
O B T L M A E M B I R Y F B N O N T F C
O R L A C C M R P U S U A L U F N B O C
P A A G R L E M E A L L T S U O L O V L
E T I C P O A L E K E L I L M G R O C I
R I C R O C M S E P C N I M U D N H G M
A O R S E O E E S B S E O E I C A E A A
T N E T N S K V M E R C H N N N E O E T
I M M N D E H I O M S A A C T T R V S E
O N M E U M O J E K O T T G N E D R A G
N U O V R A M A E S E C B E H A S T E W
V F C E E G E C C O N S U M P T I O N C
```

Camper	Classes	Companionship	Ebullient	Focus	Roam
Camping	Climate	Consumption	Education	Food	Sand
Casual	cloths	Cookies	Elaborate	Frolic	Sea
Celebrate	Colorful	Cooperation	Endure	Fun	Ship
Celebration	Comfort	Coordinate	Energy	Games	trot
Chant	Commemorate	Cousins	Engulf	Garden	Wave
Charming	Commercial	Culinary	Equine	Golf	
Checkered table	Common	Culture	Events	Haste	
Citizens	Communication	Ease	Evoke	Home	
Clamor	Community	Easy	Flag	Major	

WORD SEARCH 58

Find the words in the grid. Words can go horizontally, vertically and diagonally in all eight directions.

```
P G A M E S C G N I M R A H C C E Y R T
E E L A B O R A T E W N S H U U X G E S
G T C E O N W T Y L O G H T L L C R P U
O M A K L H Y S R M L E T M I T I E M C
A T I R K B A O M I K H O A N U T N A O
L E M Y O E A O T O C D L S A R I E C F
S F L A G M C T V E E L C S R E N K G L
C A S U A L E E D E L C A E Y D G N B A
M N C E C R M M R E P E M S U L I B N I
M Y S E C O E F M I R L C R S P K F N C
S T T H L Q U E H O H E E T M E L Q O R
Z T A I U E B S S M C B K A I Y S L I E
B N N I N O B N I B R R C C I V O C T M
T R N E L U E R N N N A N N E R E L A M
H E V G V Z M C A U S T G F F H G I R O
E S A E I E T M J T F I T U O O C M E C
A K V T R O F M O C E O L R L O R A P H
T X I F L U G N E C N N M F O K D T O O
W C I L O R F C L A M O R H M T P E O M
M C C C O M M U N I C A T I O N Q R C E
```

Camper
Camping
Casual
Celebrate
Celebration
Chant
Charming
Checkered table
Citizens
Clamor

Classes
Climate
cloths
Colorful
Comfort
Commemorate
Commercial
Common
Communication
Community

Cookies
Cooperation
Cousins
Culinary
Culture
Ease
Easy
Elaborate
Elective
Endure

Energy
Engulf
Equine
Events
Evoke
Exciting
Flag
Flying
Focus
Food

Freedom
Frolic
Fun
Games
Glitter
Globe
Goals
Golf
Heat
Home

Masses
Roam
Sea
Ship
trot

WORD SEARCH 59

Find the words in the grid. Words can go horizontally, vertically and diagonally in all eight directions.

```
T N E I L L U B E T R O F M O C Y C G M
E N I U Q E W G N I M R A H C T O N V C
E N D U R E S C L A M O R S I M I C O R
B L D N N Y H G A R D E N N M P E O E T
O H B G G N T F E A S E U E M R K M N O
L K U A H O O R A Y Z M M A U I P M E R
G L L G T O L I R I M O C T E C C U R T
F F A C D D C F T O R N L S K E O N G L
C K C I O N E I C A S U A L N L U I Y R
F E O Y C N C R T E C A L X U E N C N E
E R L Y R R S E E P V U N R F B T A O P
T C O E G A E U R K U O D D T R R T I M
A L R L B C N M M Q C O K E N A Y I T A
N I F A I R L I M P E E R E O T S O A C
I M U B K C A A L O T A H G M I I N R S
D A L O R C E T S U C I S C M O D N E E
R T M R H S R R E S C Z O Y O N E A P M
O E D A S U C O F H E A T N C M G E O A
O P N T S T N E V E H S N I S U O C O G
C T X E C O M P A N I O N S H I P O C L
```

Camper
Camping
Casual
Celebrate
Celebration
Chant
Charming
Checkered table
Citizens
Clamor

Classes
Climate
cloths
Colorful
Comfort
Commemorate
Commercial
Common
Communication
Community

Companionship
Consumption
Cookies
Cooperation
Coordinate
Countryside
Cousins
Culinary
Culture
Ease

Easy
Ebullient
Education
Elaborate
Endure
Energy
Engulf
Equine
Events
Evoke

Flag
Focus
Food
Frolic
Fun
Games
Garden
Globe
Golf
Group

Heat
Hooray
Ocean
Sand
Sea
trot

WORD SEARCH 60

Find the words in the grid. Words can go horizontally, vertically and diagonally in all eight directions.

```
S T N E V E K T R O F M O C R O A M N R
Y F F G C E K C O M M U N I C A T I O N
L F U L O L L O E N V C G U I D E F I L
N L N F N A E B V E Q G E D O O F L T H
F O C U S I R P A E T C O L P M C U A C
R G C C U C U S W T H A W A E O T G C L
E S O E M R T K E A D G R N L B P N U I
P H M L P E L W N A N E O O T S R E D M
M T M E T M U T E I C M R R M O D A E A
A O U B I M C L P O M F O E J E G N T T
C L N R O O E M U O U T Y A K A M T A E
G C I A N C A S C L E L M R L C A M S S
N H T T T C I S T L Y T E F A E E A O Z
I O Y I M N N V R K A C A N H N E H R C
Y M V O S E R U D N E S O R E E I V C K
L E N N Z V C A S U A L S O O R A L L F
F E Y I C O O R D I N A T E K B G S U X
Y K T K L M G N I M R A H C S I A Y Y C
L I J B E N I U Q E C L A M O R E L Y M
C K Q Z P I H S N O I N A P M O C S E P
```

Camper	Classes	Companionship	Elaborate	Focus	Roam
Camping	Climate	Consumption	Elective	Food	Sand
Casual	cloths	Cookies	Endure	Fun	Sea
Celebrate	Colorful	Coordinate	Energy	Goals	trot
Celebration	Comfort	Cousins	Engulf	Golf	Wave
Chant	Commemorate	Culinary	Equine	Guide	
Charming	Commercial	Culture	Events	Heat	
Checkered table	Common	Ease	Evoke	Home	
Citizens	Communication	Easy	Flag	Major	
Clamor	Community	Education	Flying	Money	

SOLUTION

WORD SEARCH 51

X E C L E D G L Y T I N U M M O C T P T
N Y B L O R G A L F C O O R D I N A T E
O X R O A M U K M O J C S L A O G C E T
I C F A L S A D L E V A E S F N H E A T
T P O X N G S O N N S N H L I U Y N S N
A I C U N I R E R E O I S P E C N E E O
C H E P S F L Y S R P M M H H B I D T I
I S L B U I S U F E O A M A T K R R C T
N N E L U A N O C P C N N O O O O A K A
U O B N E L C S M M R T I O C T L G T R
M I R A W U L O S A N D C M U S I C R E
M N A E S T N I N C H G N I M R A H C P
O A T C H E C K E R E D T A B L E C L O
C P I O Y U R E Z N F R E N G U L F I O
T M O M L O T F I F T T R O F M O C M C
H O N T M S L Z T E V I T C E L E L A E
O C U A A O N O I T P M U S N O C G T V
M R L H G N R H C O U N T R Y S I D E O
E C O M M E R C I A L C A S U A L P R K
E N E R G Y C O M M E M O R A T E K N E

WORD SEARCH 52

R T R O T C L A M O R X T G S A E S E F
G N I M R A H C Y G R E N E H K K W T L
X D O O F C O M M U N I C A T I O N A Y
E D E F Q L C E L C E I L F O C U S R I
M N L L O K N O G F E B K Y L E E E O N
F A D R B I L N M E L L O I C L X I B G
G S F U U A I A R M A U E L H E H K A C
P U Y Q R P T U I Y U S G B G B I O L O
L E E R M E T D G C E N Y N R R B O E M
E T V A A L C S E D R N I C E A I C R P
B A C A U N E L U R S E O T X T T R C A
U R M C L S I C A N E N M M Y I I E L N
L O C A S U A L E S S K N M D O O V I I
L M H A J T E Z U U S O C R O N N E M O
I E M E I O I S M C M E G E R C S N A N
E M T O A T R P H M P O S P H G C T T S
N M N O I T T A O I L K L M M C A S E H
T O N C M I N C H F H E R A L D Z M V I
W C N U O T M S N I S U O C E V O K E P
B D F N F E A S E Z T R O F M O C N C S

WORD SEARCH 53

E T R O T K W L C A S U A L H A S T E F
X E L R E L B A T D E R E K C E H C Y X
C N R S H V C I E S A E S U C O F C R X
H I C R Y K E C K T A E H C R Z O G C N
A U O E Q E L R O N A E C O L M N U U E
N Q M T T T E E V E B V M V F I L F V H
G E P N C A B M E V E A X O P I M I C Y
E H A U O R R M N E L T R M N N T A T L
S O N O O O A O N C J T A A G C N I T S
C P I C K B T C M O Z C R N E A N D Y E
O E O N I A I S C E I Y U L I U R G S A
L S N E E L O N E E M T E L M D O D A S
O S S D S E N E N N L M A M T L R C E O
R K H E U O B Z E G G E O C F U H O G N
F K I T M R Z I R U A C B C U A R R O N
U W P M O O E T G L M Y X R N D F E A C
L F O O D L H I Y F E Y H T A L E P L K
B C H T W X C C O U S I N S A T V M S R
A E S E C L A S S E S H W G G D E A B N
E B U L L I E N T G N I M R A H C C K Y

WORD SEARCH 54

M E T A R O M E M M O C H C G R G G L C
K G N I M R A H C Y Z P H A Y O R X A L
E L E C T I V E C Z A A R G S J O Q I I
L C O O K I E S E C N D A G A A U K C M
N U W L F E H E L T E M I O E M P C R A
E A F X U N R K E N E L C L A M O R E T
E N E R N G S O B S T R E F O M M G M E
Z L E C O U H V R E L N T B F H N A M D
N Z B R O L T E A N T S E O R I F O O D
R O C A G F O V T E U A R I P A W G C R
S C I L T Y L C I C C T N M L E T O M L
R O S T A D C Q O S R O A I M L H E A T
E U E E P S E F N N H C M S D N U Q N R
T S G Q A M S R E S A E N M O R C B F E
N I D L U T U E E B R E E M U U O E E P
U N N R O I R S S K Z O M V L N R O L M
O S A K R B N O N I C O V T E U I F C A
C A S U A L E E T O C E U A D N L T D C
N G N I Y L F I V R C R H N L A T R Y L
E S L A O G C N Z M E R E C G F V S R N

WORD SEARCH 55

```
E P V N O I T A R E P O O C G C S E A R
M I K G N I M R A H C F D N F O M N M E
O H R E J T R O F M O C I W C M C G C T
H S E B Q C A S U A L Y C H G M E U O T
X N P O D U T C S D L O A A E E N L M I
E O M L L N I N S F M N M K V R D F M L
L I A G E L I N C M T E T F O C U N U G
B N C V O S E O E S S T L J K I R O N H
A A E R U Z L M L C H A A Y E A E I I E
T P F O I O O S E L G T S E M L P T C D
D M C T R R L F B I F A O U H M G P A I
E O I F A A M Y R M E C S L A T U M T S
R C U T O Y J T A A S I E C C R I U I Y
E L E G N H E I T T C E L L D O D S O R
K K H F L O G N I E P L I W E T E N N T
C L A M O R M U O N U D A K K B X O D N
E N E R G Y Q M N M O F O S O E R C Q U
H N E D R A G M O R R B U O S O A A L O
C U L T U R E O D C G Q R N F E C S T C
S U C O F E N C O U N T E R S V S T E E
```

WORD SEARCH 56

```
N O I T A C U D E F G G S U N I T E R S
T G C N C O W E Y R U J N I K R A F T R
Y A O O E O S T T R X N E I S S B L N E
R M O I L P C A S U A L Z F Y H B O E T
A E R T E E E R N W H Y I W G L T G I N
N S D P B R N O C D P E T U A G F O L U
I C I M R A I M R L M H I I N V Q M L O
L O N U A T U E P O A D C I N E E R U C
U M A S T I Q M H C E S P T R U C E B N
C F T N I O E M O S N M S U A H M P E E
C O E O O N R O U I A C T E A E N M T R
O R K C N O K C S C F L E N S E H A O H
M T N S M I O U T L U I T L E M A C R C
M G E A E F O L A C F M Z E E R A S T T
O A L S E C Q G H E R A L D V B U O E A
N C C H E C K E R E D T A B L E R D R W
J R R C O L O R F U L E K O V E N A N P
E V I T C E L E G N I M R A H C D T T E
M E N E R G Y L A I C R E M M O C G S E
L V N O I T A C I N U M M O C F O O D L
```

WORD SEARCH 57

K F C O M M U N I C A T I O N S U C O F
E D U C A T I O N Y T I N U M M O C S F
C U L I N A R Y M C L A M O R W Q N O Y
E F T R O F M O C S B E N I U Q E O R L
T L R L C A S U A L A T T C L Z D C E S
M C B C O M P A N I O N S H I P O T P H
Q E R A G N I M R A H C D T I L A T M T
M L Z O T E N E R G Y G I H O R O O A O
C E T F J D F E P E N C S R O R C R C L
O B T L M A E M B I R Y F B N O N T F C
O R L A C C M R P U S U A L U F N B O C
P A A G R L E M E A L L T S U O L O V L
E T I C P O A L E K E L I L M G R O C I
R I C R O C M S E P C N I M U D N H G M
A O R S E O E E S B S E O E I C A E A A
T N E T N S K V M E R C H N N N E O E T
I M M N D E H I O M S A A C T T R V S E
O N M E U M O J E K O T T G N E D R A G
N U O V R A M A E S E C B E H A S T E W
V F C E E G E C C O N S U M P T I O N C

WORD SEARCH 58

P G A M E S C G N I M R A H C C E Y R T
E E L A B O R A T E W N S H U U X G E S
G T C E O N W T Y L O G H T L L C R P U
O M A K L H Y S R M L E T M I T I E M C
A T I R K B A O M I K H O A N U T N A O
L E M Y O E A O T O C D L S A R I E C F
S F L A G M C T V E E L C S R E N K G L
C A S U A L E E D E L C A E Y D G N B A
M N C E C R M M R E P E M S U L I B N I
M Y S E C O E F M I R L C R S P K F N C
S T T H L Q U E H O H E E T M E L Q O R
Z T A I U E B S S M C B K A I Y S L I E
B N N I N O B N I B R R C C I V O C T M
T R N E L U E R N N N A N N E R E L A M
H E V G V Z M C A U S T G F F H G I R O
E S A E I E T M J T F I T U O O C M E C
A K V T R O F M O C E O L R L O R A P H
T X I F L U G N E C N N M F O K D T O O
W C I L O R F C L A M O R H M T P E O M
M C C C O M M U N I C A T I O N Q R C E

WORD SEARCH 59

T N E I L L U B E T R O F M O C Y C G M
E N I U Q E W G N I M R A H C T O N V C
E N D U R E S C L A M O R S I M I C O R
B L D N N Y H G A R D E N N M P E O E T
O H B G G N T F E A S E U E M R K M N O
L K U A H O O R A Y Z M M A U I P M E R
G L L G T O L I R I M O C T E C C U R T
F F A C D D C F T O R N L S K E O N G L
C K C I O N E I C A S U A L N L U I Y R
F E O Y C N C R T E C A L X U E N C N E
E R L Y R R S E E P V U N R F B T A O P
T C O E G A E U R K U O D D T R R T I M
A L R L B C N M M Q C O K E N A Y I T A
N I F A I R L I M P E E R E O T S O A C
I M U B K C A A L O T A H G M I I N R S
D A L O R C E T S U C I S C M O D N E E
R T M R H S R R E S C Z O Y O N E A P M
O E D A S U C O F H E A T N C M G E O A
O P N T S T N E V E H S N I S U O C O G
C T X E C O M P A N I O N S H I P O C L

WORD SEARCH 60

S T N E V E K T R O F M O C R O A M N R
Y F F G C E K C O M M U N I C A T I O N
L F U L O L L O E N V C G U I D E F I L
N L N F N A E B V E Q G E D O O F L T H
F O C U S I R P A E T C O L P M C U A C
R G C C U C U S W T H A W A E O T G C L
E S O E M R T K E A D G R N L B P N U I
P H M L P E L W N A N E O O T S R E D M
M T M E T M U T E I C M R R M O D A E A
A O U B I M C L P O M F O E J E G N T T
C L N R O O E M U O U T Y A K A M T A E
G C I A N C A S C L E L M R L C A M S S
N H T T T C I S T L Y T E F A E E A O Z
I O Y I M N N V R K A C A N H N E H R C
Y M V O S E R U D N E S O R E E I V C K
L E N N Z V C A S U A L S O O R A L L F
F E Y I C O O R D I N A T E K B G S U X
Y K T K L M G N I M R A H C S I A Y Y C
L I J B E N I U Q E C L A M O R E L Y M
C K Q Z P I H S N O I N A P M O C S E P

AUTUMN

WORD SEARCH 61

Find the words in the grid. Words can go horizontally, vertically and diagonally in all eight directions.

```
N O I T A E R C E R R L L A B T O O F D
K N T K L B G W P S R T L A N O S A E S
R S T R A W N E N T Y A M F H M B P L R
V M U T H F I A S U L V K R H L C E L L
T G V M Q I Z T E D I W N I A R R T A T
Y E W K M R E H L I M P Y Z N R D V R J
M A E E H E E E A E A H E R I G I W E K
N L R L E S R R B S F D W U L T Z T H S
N Z N O S K F F I E L D Q S S L R K T P
R B P S F B E A U T Y S E E L A Y O A D
A I A C G L S N B W N A F A L S R X E S
I R N H P N B E D E S V B L D M B R W J
N T S O N T I V P O T E Y N S F C O D Z
C H T O S O V N N T S W E L L M R A W S
O D H L W C I F R A E I E U P C Y R I L
A A G O F T E N B U R M N E E P Q V N A
T Y J D C Q L N U F B K B R N N U J T U
S S X W P K Q C I E X N A E Q W G S E T
F R O S T H E W J C R C T G R D G V R I
Z S C E N E R Y B M S Y T N U O B X J R
```

Bales	Festival	hockey	Scenic	Straw
Baseball	Field	Raincoats	School	Studies
Beauty	Fires	Raking	Season	Summer
Between	Flu	Rally	Seasonal	Supply
Birthdays	Football	Recreation	September	Warm
Blaze	Foray	Reunion	Sleet	Weather
Bounty	Freezing	Rituals	Snap	Weather
Burning	Friends	Scarecrows	Squirrels	Weekend
Family	Frost	Scenery	Storms	Winter

WORD SEARCH 62

Find the words in the grid. Words can go horizontally, vertically and diagonally in all eight directions.

```
H Q L A N O S A E S S T U D I E S F B V
F R O S T H X U T F I E L D T L L S I P
R H A F C M O R M F R A N S D U D L R G
A M C I R E A C N M V P L R B N Z B T K
K S G R N W N Z K I E E T Q E Y K S H P
I E N E T C G I T E R R P I L L G M D S
N P I S P M O S C R Y B R P L N Z S A C
G T Z P A R E A I T L F P A I X E T Y H
K E E Y N F D U T A J U B D Z A S X S O
T M E L S W Q J Z S S E D L S W W W T O
K B R I J S K E V W S E R O O R E R N L
L E F M N R G M R A W B N R B E A U T Y
W R K A S O E N B W B X C Y R L T R S S
Y G W F E T I H I K O E P X L V H E L T
L A H L L V Q N T N R O T Y H K E T A O
Q C R W A V R R U A R R L W T K R N U R
M F N O B D Q D C E E U M E E E M I T M
B D R K F R Q S L B R W B L N E E W I S
L L A B T O O F L Y T N U O B S N L R G
N N O I T A E R C E R S C E N E R Y S X
```

Bales
Baseball
Beauty
Between
Birthdays
Blaze
Bounty
Burning
Family
Festival

Field
Fires
Flu
Football
Foray
Freezing
Friends
Frost
hockey
Raincoats

Raking
Rally
Recreation
Reunion
Rituals
Scarecrows
Scenery
Scenic
School
Season

Seasonal
September
Sleet
Snap
Squirrels
Storms
Straw
Studies
Summer
Supply

Warm
Weather
Weather
Weddings
Winter
Woolens

WORD SEARCH 63

Find the words in the grid. Words can go horizontally, vertically and diagonally in all eight directions.

S L E R R I U Q S T L L A B T O O F G X

R S F M S S L M Q R E B M E T P E S S G

P L W J U E S C E N E R Y B S V L W P N

U A I N M A E L P W W F L D S L O Y B I

Y U N F M S L L B H L A N E L R F R I Z

F T T M E O A T G C Z E A A C P A A R E

L I E K R N B N M E I S B E A L P K T E

R R R F I E L D D R O E R N L J R I H R

S T U D I E S Q F N S A S Y N C L N D F

Y T N U O B D X A A C N H T W A R G A T

G R R M K F C L B S R R O E V Y D F Y V

S N K A F R O S T R Y K A I S F A Z S P

Y N I H W B E A U T Y T T I N U K R M J

L B E N O N J R N Z H S F L N U P W O J

I O E L R C Q J N E E B I S T C E P Z F

M T O T O U K G R F K N R R C W O R L J

A E L H W O B E D N E K E E W E A A T Y

F E D T C E W F Y L R D S D K W N R T Q

B L Z K J S E N O I T A E R C E R I M S

R S W E D D I N G S T S T O R M S M C K

Bales	Field	Raking	Seasonal	Warm
Baseball	Fires	Rally	September	Weather
Beauty	Flu	Recreation	Sleet	Weddings
Between	Football	Reunion	Snap	Weekend
Birthdays	Foray	Rituals	Squirrels	Winter
Blaze	Freezing	Scarecrows	Storms	Woolens
Bounty	Friends	Scenery	Straw	
Burning	Frost	Scenic	Studies	
Family	hockey	School	Summer	
Festival	Raincoats	Season	Supply	

WORD SEARCH 64

Find the words in the grid. Words can go horizontally, vertically and diagonally in all eight directions.

```
N N Y H D S T O R M S P F X F R O S T N
Y J O F O V P K N O I T A E R C E R V N
M L N I L C X S W O R C E R A C S K P Y
S J P W N R K B T L L A B T O O F W H L
L L F P R U N E E R T D C M Q G D E B I
A L F W U A E G Y T A E C L W N N A I M
U K I L F S I R N R W W E J M I E T R A
T Z R N B K D N Q I S E L L S Z K H T F
I B E A U T Y M C D N A E L S E E E H Z
R P S P F S W R N O V R E N S E E R D G
Y T N U O B C E Z I A R U E H R W B A N
L C R H P W I H T N R T P B P F L N Y S
A R E S Y R O S O I N T S P V A L M S T
N A H E F A E O U O E G A G Z L Y S R U
O K T A R F R Q L M L N W E A R U A Z D
S I A S T S S O B E S I L B E M L W Z I
A N E O V E G E F R N C E N M L Y R R E
E G W N H L R Q M T Y S E E Y X Y Z K S
S K V M R A W B E B A C R R S C E N I C
K T C Q W B G R D B S F I E L D T C D W
```

Bales	Field	Raking	Seasonal	Warm
Baseball	Fires	Rally	September	Weather
Beauty	Flu	Recreation	Sleet	Weather
Between	Football	Reunion	Snap	Weekend
Birthdays	Foray	Rituals	Squirrels	Winter
Blaze	Freezing	Scarecrows	Storms	Woolens
Bounty	Friends	Scenery	Straw	
Burning	Frost	Scenic	Studies	
Family	hockey	School	Summer	
Festival	Raincoats	Season	Supply	

WORD SEARCH 65

Find the words in the grid. Words can go horizontally, vertically and diagonally in all eight directions.

M Z W N X R S B B X L P Y F T G N Y B Q
L G T S X F A L E K R V L S M N S M I X
F T T S T I D I A T Y U G E R G W Z R Q
S J E N C R W H N U W L K L E N O S T S
U K T E R E A O O C T E H A B I R T H L
P G V A L S N W O C O I E B M Z C U D E
P P L B L S K I N L K A R N E E E D A R
L L A B T O O F C W E E T G T E R I Y R
Y Y R P D S T O R M S N Y S P R A E S I
N N O I N U E R Y B W L S A E F C S N U
G D Y T N U O B L A D T N V S L S O V Q
D N E K E E W A R Z K S K S A M I F Q S
F I E L D R Z M G T G K D V L T J L S M
R R K K Q E C N X R M N I M A X L M C Y
E A L A N O S A E S E T I E Y A Z S H L
H K T B E A U T Y I S H R N B A E J O I
T I R E M M U S R E L C T E R A R M O M
A N N Z K M K F F M E Z S A S U L O L A
E G M Y S C E N E R Y A Y O E M B R F F
W F R O S T K X L B B G N J J W Y X K L

Bales	Festival	hockey	Scenic	Straw
Baseball	Field	Raincoats	School	Studies
Beauty	Fires	Raking	Season	Summer
Between	Flu	Rally	Seasonal	Supply
Birthdays	Football	Recreation	September	Warm
Blaze	Foray	Reunion	Sleet	Weather
Bounty	Freezing	Rituals	Snap	Weather
Burning	Friends	Scarecrows	Squirrels	Weekend
Family	Frost	Scenery	Storms	Woolens

WORD SEARCH 66

Find the words in the grid. Words can go horizontally, vertically and diagonally in all eight directions.

L Q R E B M E T P E S C L L A B T O O F
R T F L F N O I T A E R C E R J R S Y S
G B W L Z D T C W E A T H E R L A T L C
N I U S Q U I R R E L S F R S T K R I A
I R G D W N Y T N U O B Y Y E M I A M R
Z T W E E K E N D F I E L D L G N W A E
E H W C W G P H N G T G B Z A Z G Z F C
E D S X Y A B L O S N E N E B L L Q G R
R A R K N L L S E C L O E I T X K M T O
F Y T S A A T A R A K K I L N W W Z Y W
P S B Z B U S R V A C E X N S R E L R S
K T E E D O E I S T I G Y R U R U E E R
B N S I N H T D F Z Y N S L S E V B N E
R A E A T S N Y I N S A C E V T R K E T
B S L A E E F L R L L K R O A R O W C N
C V E F I N M P E R A W N O A S M R S I
Y W R R P Z T P S P U P G L F T O R M W
L P F L B E A U T Y T N L M X Z S N A S
F S C H O O L S M W I Y T K C G R N R W
C R E M M U S W K X R W M Q Q F R O S T

Bales
Baseball
Beauty
Between
Birthdays
Blaze
Bounty
Burning
Family

Festival
Field
Fires
Flu
Football
Foray
Freezing
Friends
Frost

hockey
Raincoats
Raking
Rally
Recreation
Reunion
Rituals
Scarecrows
Scenery

Scenic
School
Season
Seasonal
September
Sleet
Snap
Squirrels
Storms

Straw
Studies
Summer
Supply
Warm
Weather
Weather
Weekend
Winter

WORD SEARCH 67

Find the words in the grid. Words can go horizontally, vertically and diagonally in all eight directions.

S S C H O O L L N O I T A E R C E R Z T
Q Z Q Y S U P P L Y S T C S S U M M E R
U S L L A B T O O F E D Z D L F I E L D
I L W H B R V G W R L C T D N E K E E W
R A C A I X O E N A A H W O O L E N S G
R U D N R F A F T I B X B B E A U T Y K
E T N G T T C M G N N Y Q E S M R O T S
L I B Y H X S G N C V R V T T F R O S T
S R Q E D W Q L R O X W U F C W P R B L
Q H R J A N H D L A I Z A B K S E K X F
V N O R Y T K A K T M N F R D B S E L I
G X M C S L V J L S B B U N M Y C X N R
N W R W K I L A Y Y L L E E H L A R N E
I D M R T E N T R A L I T S R I R S S S
Z X V S A O Y E Z A R P N R Q M E E E R
E V E F S K N E B F E A A T N A C I A E
E F G A L E I E B S P L Y Z Z F R D S T
R M E V C F S N N X L D T M L R O U O N
F S T S L A X K G Y S C E N I C W T N I
T C L U B J J T T Y T N U O B Z S S L W

Bales	Festival	hockey	Scenic	Straw
Baseball	Field	Raincoats	School	Studies
Beauty	Fires	Raking	Season	Summer
Between	Flu	Rally	Seasonal	Supply
Birthdays	Football	Recreation	September	Warm
Blaze	Foray	Reunion	Sleet	Weather
Bounty	Freezing	Rituals	Snap	Weekend
Burning	Friends	Scarecrows	Squirrels	Winter
Family	Frost	Scenery	Storms	Woolens

WORD SEARCH 68

Find the words in the grid. Words can go horizontally, vertically and diagonally in all eight directions.

C S S Y S D G K K B G F T N F I E L D Y

S W E S T N N H L F G N C S M M W C R K

E O P T A E I A S C E N I C L I M E C L

A R T U O K Z M T E E L S N N A N W R V

S C E D C E E W F R O S T T R E U P C W

O E M I N E E R X Y Z X E W C U R T E M

N R B E I W R A R L D R T S A B B A I L

A A E S A X F L L A B T O O F R T R L R

L C R R R N F L H Y T N U O B H M A V S

H S B E A U T Y L B W S J M E N B R D R

Y O N O I N U E R I E E W R Q E R N E G

L Q C S U M M E R R D L T N S Q E C L S

I S R K W A R T S T D A R A M I R A L H

M B E A E M X V T H I B B Y R E V E S F

A T E A K Y M G H D N B D F A I R U J S

F P K T S I R B F A G R T T T R P F C V

P P A X W O N Q I Y S K I S I P O H Z R

N B X N K E N G R S G O E U L F O F C N

N B L K S T E X E R N F Q Y L O T Y G L

T S T O R M S N S D L S L U L N C K L N

Bales	Festival	hockey	Scenic	Straw
Baseball	Field	Raincoats	School	Studies
Beauty	Fires	Raking	Season	Summer
Between	Flu	Rally	Seasonal	Supply
Birthdays	Football	Recreation	September	Warm
Blaze	Foray	Reunion	Sleet	Weather
Bounty	Freezing	Rituals	Snap	Weddings
Burning	Friends	Scarecrows	Squirrels	Weekend
Family	Frost	Scenery	Storms	Winter

WORD SEARCH 69

Find the words in the grid. Words can go horizontally, vertically and diagonally in all eight directions.

D Y W B R E H T A E W Y S W W L P L T Z

N L Y S E I D U T S R E A J B E A U T Y

D I L P K T D H E S A A W R R W M W S B

R M P P A F W P O S L S K B O F N I W N

A A P W T N T E O C D A M I T F F N O R

L F U W M E S N E N K T U R N L G T R E

L D S B M Y A L E N D E G T U G N E C U

Y F X B M L L I J Z J L Y H I Q I R E N

N I E N H A R D F R O S T D N R Z L R I

D R K C B F N C L R M R L A H Q E O A O

M E C E R E M M U S E G L Y Y H E O C N

R S S T E E L S M C P A N S L J R H S Q

N A M S S R V R R B V Y N I T R F C K Y

B W Z E G E O E L I R E R G N P X S P R

H W V L D T A A T E L S L E R R I U Q S

W J T A S T Z S N O M M M Y T N U O B B

K A Z B I E E E O S C E N I C R Z B N V

X C R O H F C W B N D K R Q F I E L D G

G M N M T S Q J X Y K L L A B T O O F T

Z T Y V S T A O C N I A R L V S T R A W

Bales	Festival	hockey	Scenic	Straw
Baseball	Field	Raincoats	School	Studies
Beauty	Fires	Raking	Season	Summer
Between	Flu	Rally	Seasonal	Supply
Birthdays	Football	Recreation	September	Warm
Blaze	Foray	Reunion	Sleet	Weather
Bounty	Freezing	Rituals	Snap	Winter
Burning	Friends	Scarecrows	Squirrels	Woolens
Family	Frost	Scenery	Storms	

WORD SEARCH 70

Find the words in the grid. Words can go horizontally, vertically and diagonally in all eight directions.

```
N O I N U E R D B Z L S L F H K L B Q S
R E B M E T P E S L D L C L Y H T I W C
L L A B T O O F A N J I A Y V L S R C A
R S W D V K R B E N N V B L N U T T S R
E E N N Y V E I F E I L T I M K X H T E
T L H H F S R R C T A X Q M K L Q D U C
N A P T A F A S S Z L N E A R R L A D R
I B A B A L S E E L F R G F R W K Y I O
W F N Q L E F L Q R A B E A U T Y S E W
G B S Y A K W L W G A U S T O R M S S S
N L Y S Y T N U O B K I T T J R X K L R
I B O Z Z W H T R W F K N I R F I E L D
Z N E R E C R E A T I O N C R A R L J L
E M P T X G H C J M R X K F O R W R Y Y
E R R Y W T N O B M E S R P I A F Y R L
R A M A A E E I C K S Z C U R L T M E P
F K W E W R E E N K W N Q H U M R S N P
D I W M T R O N L R E S F R O S T Z E U
D N E K E E W F R S U Y R N W O Y P C S
N G R L A N O S A E S B K J T T L M S W
```

Bales	Festival	hockey	Scenic	Straw
Baseball	Field	Raincoats	School	Studies
Beauty	Fires	Raking	Season	Summer
Between	Flu	Rally	Seasonal	Supply
Birthdays	Football	Recreation	September	Warm
Blaze	Foray	Reunion	Sleet	Weather
Bounty	Freezing	Rituals	Snap	Weather
Burning	Friends	Scarecrows	Squirrels	Weekend
Family	Frost	Scenery	Storms	Winter

SOLUTION

WORD SEARCH 61

N O I T A E R C E R R L L A B T O O F D
K N T K L B G W P S R T L A N O S A E S
R S T R A W N E N T Y A M F H M B P L R
V M U T H F I A S U L V K R H L C E L L
T G V M Q I Z T E D I W N I A R R T A T
Y E W K M R E H L I M P Y Z N R D V R J
M A E E H E E E A E A H E R I G I W E K
N L R L E S R R B S F D W U L T Z T H S
N Z N O S K F F I E L D Q S S L R K T P
R B P S F B E A U T Y S E E L A Y O A D
A I A C G L S N B W N A F A L S R X E S
I R N H P N B E D E S V B L D M B R W J
N T S O N T I V P O T E Y N S F C O D Z
C H T O S O V N N T S W E L L M R A W S
O D H L W C I F R A E I E U P C Y R I L
A A G O F T E N B U R M N E E P Q V N A
T Y J D C Q L N U F B K B R N N U J T U
S S X W P K Q C I E X N A E Q W G S E T
F R O S T H E W J C R C T O R D G V R I
Z S C E N E R Y B M S Y T N U O B X J R

WORD SEARCH 62

H Q L A N O S A E S S T U D I E S F B V
F R O S T H X U T F I E L D T L L S I P
R H A F C M O R M F R A N S D U D L R G
A M C I R E A C N M V P L R B N Z B T K
K S G R N W N Z K I E E T Q E Y K S H P
I E N E T C G I T E R R P I L L G M D S
N P I S P M O S C R Y B R P L N Z S A C
G T Z P A R E A I T L F P A I X E T Y H
K E E Y N F D U T A J U B D Z A S X S O
T M E L S W Q J Z S S E D L S W W W T O
K B R I J S K E V W S E R O O R E R N L
L E F M N R G M R A W B N R B E A U T Y
W R K A S O E N B W B X C Y R L T R S S
Y G W F E T I H I K O E P X L V H E L T
L A H L L V Q N T N R O T Y H K E T A O
Q C R W A V R R U A R R L W T K R N U R
M F N O B D Q D C E E U M E E E M I T M
B D R K F R Q S L B R W B L N E E W I S
L L A B T O O F L Y T N U O B S N L R G
N N O I T A E R C E R S C E N E R Y S X

WORD SEARCH 63

S L E R R I U Q S T L L A B T O O F G X

R S F M S S L M O R E B M E T P E S S G

P L W J U E S C E N E R Y B S V L W P N

U A I N M A E L P W W F L D S L O Y B I

Y U N F M S L L B H L A N E L R F R I Z

F T T M E O A T G C Z E A A C P A A R E

L I E K R N B N M E I S B E A L P K T E

R R R F I E L D D R O E R N L J R I H R

S T U D I E S Q F N S A S Y N C L N D F

Y T N U O B D X A A C N H T W A R G A T

G R R M K F C L B S R R O E V Y D F Y V

S N K A F R O S T R Y K A I S F A Z S P

Y N I H W B E A U T Y T T I N U K R M J

L B E N O N J R N Z H S F L N U P W O J

I O E L R C Q J N E E B I S T C E P Z F

M T O T O U K G R F K N R R C W O R L J

A E L H W O B E D N E K E E W E A A T Y

F E D T C E W F Y L R D S D K W N R T Q

B L Z K J S E N O I T A E R C E R I M S

R S W E D D I N G S T S T O R M S M C K

WORD SEARCH 64

N N Y H D S T O R M S P F X F R O S T N

Y J O F O V P K N O I T A E R C E R V N

M L N I L C X S W O R C E R A C S K P Y

S J P W N R K B T L L A B T O O F W H L

L L F P R U N E E R T D C M Q G D E B I

A L F W U A E G Y T A E C L W N N A I M

U K I L F S I R N R W W E J M I E T R A

T Z R N B K D N Q I S E L L S Z K H T F

I B E A U T Y M C D N A E L S E E E H Z

R P S P F S W R N O V R E N S E E R D G

Y T N U O B C E Z I A R U E H R W B A N

L C R H P W I H T N R T P B P F L N Y S

A R E S Y R O S O I N T S P V A L M S T

N A H E F A E O U O E G A G Z L Y S R U

O K T A R F R Q L M L N W E A R U A Z D

S I A S T S S O B E S I L B E M L W Z I

A N E O V E G E F R N C E N M L Y R R E

E G W N H L R Q M T Y S E E Y X Y Z K S

S K V M R A W B E B A C R R S C E N I C

K T C Q W B G R D B S F I E L D T C D W

WORD SEARCH 65

M Z W N X R S B B X L P Y F T G N Y B Q
L G T S X F A L E K R V L S M N S M I X
F T T S T I D I A T Y U G E R G W Z R Q
S J E N C R W H N U W L K L E N O S T S
U K T E R E A O O C T E H A B I R T H L
P G V A L S N W O C O I E B M Z C U D E
P P L B L S K I N L K A R N E E E D A R
L L A B T O O F C W E E T G T E R I Y R
Y Y R P D S T O R M S N Y S F R A E S I
N N O I N U E R Y B W L S A E F C S N U
G D Y T N U O B L A D T N V S L S O V Q
D N E K E E W A R Z K S K S A M I F Q S
F I E L D R Z M G T G K D V L T J L S M
R R K K Q E C N X R M N I M A X L M C Y
E A L A N O S A E S E T I E Y A Z S H L
H K T B E A U T Y I S H R N B A E J O I
T I R E M M U S R E L C T E R A R M O M
A N N Z K M K F F M E Z S A S U L O L A
E G M Y S C E N E R Y A Y O E M B R F F
W F R O S T K X L B B G N J J W Y X K L

WORD SEARCH 66

L Q R E B M E T P E S C L L A B T O O F
R T F L F N O I T A E R C E R J R S Y S
G B W L Z D T O W E A T H E R L A T L C
N I U S Q U I R R E L S F R S T K R I A
I R G D W N Y T N U O B Y Y E M I A M R
Z T W E E K E N D F I E L D L G N W A E
E H W C W G P H N G T G B Z A Z G Z F C
E D S X Y A B L O S N E N E B L L Q G R
R A R K N L L S E C L O E I T X K M T O
F Y T S A A T A R A K K I L N W W Z Y W
P S B Z B U S R V A C E X N S R E L R S
K T E E D O E I S T I G Y R U R U E E R
B N S I N H T D F Z Y N S L S E V B N E
R A E A T S N Y I N S A C E V T R K E T
B S L A E E F L R L L K R O A R O W C N
C V E F I N M P E R A W N O A S M R S I
Y W R R P Z T P S P U P G L F T O R M W
L P F L B E A U T Y T N L M X Z S N A S
F S C H O O L S M W I Y T K C G R N R W
C R E M M U S W K X R W M Q Q F R O S T

WORD SEARCH 67

S	S	C	H	O	O	L	L	N	O	I	T	A	E	R	C	E	R	Z	T
Q	Z	Q	Y	S	U	P	P	L	Y	S	T	C	S	S	U	M	M	E	R
U	S	L	L	A	B	T	O	O	F	E	D	Z	D	L	F	I	E	L	D
I	L	W	H	B	R	V	G	W	R	L	C	T	D	N	E	K	E	E	W
R	A	C	A	I	X	O	E	N	A	A	H	W	O	O	L	E	N	S	G
R	U	D	N	R	F	A	F	T	I	B	X	B	B	E	A	U	T	Y	K
E	T	N	G	T	T	C	M	O	N	N	Y	Q	E	S	M	R	O	T	S
L	I	B	Y	H	X	S	G	N	C	V	R	V	T	T	F	R	O	S	T
S	R	Q	E	D	W	Q	L	R	O	X	W	U	F	C	W	P	R	B	L
Q	H	R	J	A	N	H	D	L	A	I	Z	A	B	K	S	E	K	X	F
V	N	O	R	Y	T	K	A	K	T	M	N	F	R	D	B	S	E	L	I
G	X	M	C	S	L	V	J	L	S	B	B	U	N	M	Y	C	X	N	R
N	W	R	W	K	I	L	A	Y	Y	L	L	E	E	H	L	A	R	N	E
I	D	M	R	T	E	N	T	R	A	L	I	T	S	R	I	R	S	S	S
Z	X	V	S	A	O	Y	E	Z	A	R	P	N	R	Q	M	E	E	E	R
E	V	E	F	S	K	N	E	S	F	E	A	A	T	N	A	C	I	A	E
E	F	G	A	L	E	I	E	B	S	P	L	Y	Z	Z	F	R	D	S	T
R	M	E	V	C	F	S	N	N	X	L	D	T	M	L	R	O	U	O	N
F	S	T	S	L	A	X	K	G	Y	S	C	E	N	I	C	W	T	N	I
T	C	L	U	B	J	J	T	T	Y	T	N	U	O	B	Z	S	S	L	W

WORD SEARCH 68

C	S	S	Y	S	D	G	K	K	B	G	F	T	N	F	I	E	L	D	Y
S	W	E	S	T	N	N	H	L	F	G	N	C	S	M	M	W	C	R	K
E	O	P	T	A	E	I	A	S	C	E	N	I	C	L	I	M	E	C	L
A	R	T	U	O	K	Z	M	T	E	E	L	S	N	N	A	N	W	R	V
S	C	E	D	C	E	E	W	F	R	O	S	T	T	R	E	U	P	C	W
O	E	M	I	N	E	E	R	X	Y	Z	X	E	W	C	U	R	T	E	M
N	R	B	E	I	W	R	A	R	L	D	R	T	S	A	B	B	A	I	L
A	A	E	S	A	X	F	L	L	A	B	T	O	O	F	R	T	R	L	R
L	C	R	R	R	N	F	L	H	Y	T	N	U	O	B	H	M	A	V	S
H	S	B	E	A	U	T	Y	L	B	W	S	J	M	E	N	B	R	D	R
Y	O	N	O	I	N	U	E	R	I	E	E	W	R	Q	E	R	N	E	G
L	Q	C	S	U	M	M	E	R	R	D	L	T	N	S	Q	E	C	L	S
I	S	R	K	W	A	R	T	S	T	D	A	R	A	M	I	R	A	L	H
M	B	E	A	E	M	X	V	T	H	I	B	B	Y	R	E	V	E	S	F
A	T	E	A	K	Y	M	G	H	D	N	B	D	F	A	I	R	U	J	S
F	P	K	T	S	I	R	B	F	A	G	R	T	T	T	R	P	F	C	V
P	P	A	X	W	O	N	Q	I	Y	S	K	I	S	I	P	O	H	Z	R
N	B	X	N	K	E	N	G	R	S	G	O	E	U	L	F	O	F	C	N
N	B	L	K	S	T	E	X	E	R	N	F	Q	Y	L	O	T	Y	G	L
T	S	T	O	R	M	S	N	S	D	L	S	L	U	L	N	C	K	L	N

WORD SEARCH 69

D Y W B R E H T A E W Y S W W L P L T Z

N L Y S E I D U T S R E A J B E A U T Y

D I L P K T D H E S A A W R R W M W S B

R M P P A F W F O S L S K B O F N I W N

A A P W T N T E O C D A M I T F F N O R

L F U W M E S N E N K T U R N L G T R E

L D S B M Y A L E N D E G T U G N E C U

Y F X B M L L I J Z J L Y H I Q I R E N

N I E N H A R D F R O S T D N R Z L R I

D R K C B F N C L R M R L A H Q E O A O

M E C E R E M M U S E G L Y Y H E O C N

R S S T E E L S M C P A N S L J R H S Q

N A M S S R V R R B V Y N I T R F C K Y

B W Z E G E O E L I R E R G N P X S P R

H W V L D T A A T E L S L E R R I U Q S

W J T A S T Z S N O M M M Y T N U O B B

K A Z B I E E E O S C E N I C R Z B N V

X C R O H F C W B N D K R Q F I E L D G

G M N M T S Q J X Y K L L A B T O O F T

Z T Y V S T A O C N I A R L V S T R A W

WORD SEARCH 70

N O I N U E R D B Z L S L F H K L B Q S

R E B M E T P E S L D L C L Y H T I W C

L L A B T O O F A N J I A Y V L S R C A

R S W D V K R B E N N V B L N U T T S R

E E N N Y V E I F E I L T I M K X H T E

T L H H F S R R C T A X Q M K L Q D U C

N A P T A F A S S Z L N E A R R L A D R

I B A B A L S E E L F R G F R W K Y I O

W F N Q L E F L Q R A B E A U T Y S E W

G B S Y A K W L W G A U S T O R M S S S

N L Y S Y T N U O B K I T T J R X K L R

I B O Z Z W H T R W F K N I R F I E L D

Z N E R E C R E A T I O N C R A R L J L

E M P T X G H C J M R X K F O R W R Y Y

E R R Y W T N O B M E S R P I A F Y R L

R A M A A E E I C K S Z C U R L T M E P

F K W E W R E E N K W N Q H U M R S N P

D I W M T R O N L R E S F R O S T Z E U

D N E K E E W F R S U Y R N W O Y P C S

N G R L A N O S A E S B K J T T L M S W

FAMILY

WORD SEARCH 71

Find the words in the grid. Words can go horizontally, vertically and diagonally in all eight directions.

```
T T N B M A C T I V I T Y A R D E N T T
K N O A G N I H C A O C V A D C A Y Y N
T Q I N S O N A A A N N T C D O D T T E
A A T T M B T D D E S T I O J N O I I M
C N A A T N U A C O E S W W N G P R N T
T C I G J L Z E S N L R O O T E T O U I
N E C O T F D D T P Y E I C D N I H M M
O S E N M Y A I Y L O T S E I I O T M M
I T R I T L V T A N A U L C S A N U O O
T O P S X E I V H D A P S W E L T A C C
C R P M B N O A O E U M E E Z N N I S C
E L A H I R R M L O R E I C E G C I O J
F J Q F P F M E C L T J T C E S S E D N
F R F P C O O Y C P E L I R S T I M F M
A A A P C R H L T N Q G L C E C I V D A
D E S C E N T D K E O E I R O D T D D F
J L A G U J N O C S I C B A I H E I Z A
E L B A T R O F M O C X A I N A O A E V
X N I S U O C A L I M O N Y R C F R T S
W J Y R A S R E V I N N A A Y T E M T H
```

Abilities
Accommodation
Activity
Adolescence
Adoption
Adult
Advice
Advise
Affection
Affinity
Alimony
Allegiance
Ancestor
Anger
Anniversary
Antagonism
Anxiety
Appreciation
Approval
Ardent
Association
Attentive
Aunt
Authority
Coaching
Cohort
Comfortable
Commitment
Community
Concern
Congenial
Conjugal
Couple
Cousin
Death
Decency
Descent
Dowry
Dynamics
Fair
Father
Folks
Sister
Son
Spouse
Sweet
Tact
Ties
Tribe
Twin

WORD SEARCH 72

Find the words in the grid. Words can go horizontally, vertically and diagonally in all eight directions.

```
Y C N A T S N O C A L I M O N Y F A I R
R A K O Y T E F A S E C I V D A N T C A
E T D F I L M A R D E N T L T G G C O U
T B M O P T P E S L C H A H E T N O M N
S J M U L D A K S O L V E R V M I M M T
I N O S O E L I H I O R D M I S H F O T
S C O W I O S O C R V L T N T E C O N D
A W R I F N R C P O A D O R I I A R A N
N Y N C T T O P E D S I A E T T O T L E
C T O A U A A G U N T S T C E I C A I F
E E I C T S I L A A C Z A N P L C B T E
S I T E O T T C D T L E B O M I O L Y D
T X C F S M E O E C N L G C O B N E Y A
O N E L A R M N D R O A E X C A F T H D
R A F X C M E U T Y P U K G G N I W T O
N M F M O Z I V N I T P S R I N D E A P
T J A C S O N L I I V C A I I A E K E T
T A C T I V I T Y D T E A F N W N J D I
J A Y T I R O H T U A Y F T S V C C H O
Y R A S R E V I N N A A T I E S E L E N
```

Abilities
Accommodation
Activity
Adolescence
Adoption
Adult
Advice
Advise
Affection

Affinity
Alimony
Allegiance
Ancestor
Anger
Anniversary
Antagonism
Anxiety
Appreciation

Approval
Ardent
Association
Attentive
Aunt
Authority
Coaching
Cohort
Comfortable

Commonality
Community
Competitive
Concern
Confidence
Constancy
Couple
Cousin
Custody

Death
Defend
Diverse
Dowry
Fair
Family
Father
Folks
Safety

Sister
Son
Sweet
Tact
Ties
Twin

WORD SEARCH 73

Find the words in the grid. Words can go horizontally, vertically and diagonally in all eight directions.

```
A D E C E N C Y T N E M T I M M O C V A
L D A L I M O N Y C O N C E R N W C D R
T L O A K N O I T A I C O S S A O U L Y
N A N L U B Y N D I V E R S E A L A T D
O G O C E N Y T I N U M M O C T V I T E
I U I S O S T N E C S E D H N O N N L E
T J T E T N C G N I L B I S R I O P F V
A N C I L R G E E Z X N W P F I U A A I
I O E T E G O E N S G N P F T O I G N T
C C F I A S N H N C I A A A C R H F T N
E A F L A L M I O I E V D E C I V D A E
R D A I N D L G S C A O D S W E E T G T
P O C B C O S E P N M L F A M I L Y O T
P P O A E W O H G M T L A R D E N T N A
A T U T S R N E O I A C T I V I T Y I C
S I S C T Y R C Q C A Z D E F E N D S P
K O I A O K C B C O N N E C T I O N M R
L N N T R A Q M Z N K Y C N A T S N O C
O P A U T H O R I T Y N P E W D E A T H
F Y R A S R E V I N N A Y D O T S U C K
```

Abilities	Affinity	Approval	Community	Death	Sibling
Accommodation	Alimony	Ardent	Concern	Decency	Single
Activity	Allegiance	Association	Congenial	Defend	Son
Adolescence	Ancestor	Attentive	Conjugal	Descent	Sweet
Adoption	Anger	Aunt	Connection	Diverse	Tact
Adult	Anniversary	Authority	Constancy	Dowry	Ties
Advice	Antagonism	Coaching	Couple	Fair	
Advise	Anxiety	Cohort	Cousin	Family	
Affection	Appreciation	Commitment	Custody	Folks	

WORD SEARCH 74

Find the words in the grid. Words can go horizontally, vertically and diagonally in all eight directions.

```
A D E A T H M A Y R A S R E V I N N A E
L D N T N R D Y Y E N Y M S P C O M L Q
A X O O E U O T T K N P C J K I Z P G L
S A S L L S I H C A R D E N T L U M A F
S B L T E N I O O S G L E A E O O V G A
O X D L I S N V E C I V D A C C O F U M
C K C F E C C I D G T O B D R R E T S I
I R F U E G T E I A M A C O P I H D E L
A A A R S B I B N M P O C P N O N H I Y
T L N T M T L A O C U N A T R H L G T X
I C C N S E O C N S E A L I M O N Y I G
O O E O I Y C D I C R T T O L K Y L L N
N N S I N A T N Y I E Y D N X Q B A I I
R G T T O M D E A C T I V I T Y N V B H
E E O C G E N F I A C O N J U G A L A C
H N R E A E E X H X U D I V E R S E R A
T I T F T T F J J T N N M R D O W R Y O
A A W F N S E N I O R A T E L G N I S C
F L I A A E D N O I T A I C E R P P A Q
E C N E D I F N O C E V I T N E T T A P
```

Abilities	Affinity	Approval	Confidence	Diverse	Senior
Accommodation	Alimony	Ardent	Congenial	Dowry	Single
Activity	Allegiance	Association	Conjugal	Eligible	Son
Adolescence	Ancestor	Attentive	Couple	Endearing	Tact
Adoption	Anger	Aunt	Cousin	Esteem	Ties
Adult	Anniversary	Authority	Custody	Fair	Twin
Advice	Antagonism	Coaching	Death	Family	
Advise	Anxiety	Cohort	Decency	Father	
Affection	Appreciation	Concern	Defend	Folks	

WORD SEARCH 75

Find the words in the grid. Words can go horizontally, vertically and diagonally in all eight directions.

D E C E N C Y L S A A V Y F T R O H O C
R H X C T R A I T E N T Y C E C I V D A
P F T N N I S U O C I C T T O B S N C N
Y C N A T S N O C N V T E E E U O O X R
A N M I E A C T I V I T Y S N I P J N E
T D W G A D G F A T H E R R T T X L W C
R V O E R P F P E C L L N A I O I N E N
U Z L L N A Z R U S A O D Z G A R V A O
S W A L E V G S V V I O J A S S F T E C
T C D A S S T W O T M V N N E S C N S N
A O O M T O C R C M F N D D I O O E K O
U A P Q D V P E O T I X E A T C M M L I
T C T Y K P N C N V G V S M I I P T O T
H H I K A N C E E C O W N A L A A I F C
O I O X O A C R D T E A D Z I T S M H E
R N N C T S S E I E U U G N B I S M A F
I G V C E A F O T N L J Z H A O I O N F
T C A D R E N N T T Y R W O D N O C G A
Y T B Y N M S I N O G A T N A J N Q E Y
K A R D E N T N I W T A L I M O N Y R Q

Abilities	Alimony	Attentive	Couple	Fair
Accommodation	Allegiance	Aunt	Cousin	Father
Activity	Ancestor	Authority	Custody	Folks
Adolescence	Anger	Coaching	Death	Son
Adoption	Anniversary	Cohort	Decency	Sweet
Adult	Antagonism	Commitment	Defend	Tact
Advice	Anxiety	Compassion	Descent	Ties
Advise	Approval	Concern	Devotion	Trait
Affection	Ardent	Connection	Dowry	Trust
Affinity	Association	Constancy	Earnest	Twin

WORD SEARCH 76

Find the words in the grid. Words can go horizontally, vertically and diagonally in all eight directions.

```
Z Y T I N U M M O C A L L E G I A N C E
M S I N O G A T N A B T F N S L N F O A
K F O L K S T N U A R C M O H O O A N S
W C O A C H I N G H M A A I I N I I J S
H P M W K A C T I V I T Y T V L T R U O
N T S C I M A N Y D T N A O A D A N G C
A I A L I M O N Y E A D K V R I I O A I
N E T E E Z N Y N N O R O E E S C I L A
G S Q E D R T T N M A R D D E T E T S T
E Y T N E I I I M A P N S E X A R C E I
R S T C N V V O L P D Y C E N N P E I O
E N N I E E C C A V A O T E N T P F T N
J O F L R C S K O A D C L E S I A F I Y
C F C S A O C R D U O E E E I T O A L T
A R A P N P H U E U P D F S S X O R I R
T R A I T R L T S V T L O E I C N R B O
Y W W N R T T I U T I R E W N V E A A H
L A I V I V N O C A O D T K R D D N L O
L A I N E G N O C D N D W L P Y X A C C
M E L B A T R O F M O C Y E C I V D A E
```

Abilities	Affinity	Approval	Community	Defend	Senior
Accommodation	Alimony	Ardent	Concern	Devotion	Shivaree
Activity	Allegiance	Association	Congenial	Distant	Son
Adolescence	Ancestor	Attentive	Conjugal	Diverse	Tact
Adoption	Anger	Aunt	Convivial	Dowry	Ties
Adult	Anniversary	Authority	Couple	Dynamics	Trait
Advice	Antagonism	Coaching	Cousin	Esteem	Twin
Advise	Anxiety	Cohort	Custody	Fair	
Affection	Appreciation	Comfortable	Death	Folks	

WORD SEARCH 77

Find the words in the grid. Words can go horizontally, vertically and diagonally in all eight directions.

A P P R O V A L Y Y L C E C I V D A C G
A C T I V I T Y T D A Y C N A T S N O C
T N A T S I D I T T E O W A L I M O N Y
A S R A J Z N V T I M C N Y N D D V Z T
C B E K L I C E W M R O E O R N P C A E
T C H I F L N O U E I O I N E W O L S F
Y A T F T T E N M T S T H F C N O R S A
T D A A I N I G A M A I E T C Y E D O S
E O F V R T A I I D I D V E U V A G C M
I P E Q Y D C D O A F T R D I A N N I N
X T S P K E E M O M N N M D A N C I A O
N I U G R C M N T L S C H E V Z E H T I
A O O P O O O R T H E I E S N N S C I T
G N P U C I A R A T I S N C H T T A O C
M A S C T D O N R A T C C O U A O O N E
F I A O U H G C I E I O S E G S R C R F
N L V L O E L H A D L U W T N A T I J F
Q E T C R S O N F L I P E W N C T O N A
D K C O M F O R T A B L E I T L E N D G
Y R A S R E V I N N A E T N T N U A A Y

Abilities	Affinity	Approval	Commitment	Defend	Son
Accommodation	Alimony	Ardent	Community	Devotion	Spouse
Activity	Allegiance	Association	Concern	Distant	Sweet
Adolescence	Ancestor	Attentive	Constancy	Diverse	Tact
Adoption	Anger	Aunt	Couple	Dowry	Ties
Adult	Anniversary	Authority	Cousin	Fair	Twin
Advice	Antagonism	Coaching	Custody	Father	
Advise	Anxiety	Cohort	Death	Safety	
Affection	Appreciation	Comfortable	Decency	Sharing	

WORD SEARCH 78

Find the words in the grid. Words can go horizontally, vertically and diagonally in all eight directions.

```
N T X C C A F Y A T T E N T I V E N Q T
O F H O O Y D L A S S O C I A T I O N R
I N K N U R F O E C I V D A S A F E T Y
T C A J S W H I L T W I N N R E C N O C
A O Y U I O T B A E T A L I M O N Y D B
I N D G N D F D A L S R N T S E N R A E
C F E A T T O N A P T C O N N T I A R T
E I C L S M X I Y N S C E H P P K S C B
R D E O M I N T E D E D A N O M J R Q A
P E N O E E I D Y J I N N T C C N E M U
P N C T G N R T J X T E G R O E O V S T
A C Y N I A I T E G I F E E M A I I I H
A E O F A N N C R S L E R T P D T N N O
K C F U U I O C D I I D F H A O C N O R
S A S M P A G E E A B V K G S P E A G I
M E M K C L A E D S A E D U S T F T A T
P O N H L T E U L T T G K A I I F S T Y
C R I I H O L B R L K O T D O O A U N C
M N Z V O T F T R I A F R T N N W R A T
G L A V O R P P A A C T I V I T Y T J K
```

Abilities	Affinity	Approval	Compassion	Decency	Tact
Accommodation	Alimony	Ardent	Concern	Defend	Ties
Activity	Allegiance	Association	Confidence	Dowry	Trait
Adolescence	Ancestor	Attentive	Congenial	Earnest	Tribe
Adoption	Anger	Aunt	Conjugal	Fair	Trust
Adult	Anniversary	Authority	Couple	Folks	Twin
Advice	Antagonism	Coaching	Cousin	Safety	
Advise	Anxiety	Cohort	Daughter	Senior	
Affection	Appreciation	Community	Death	Son	

WORD SEARCH 79

Find the words in the grid. Words can go horizontally, vertically and diagonally in all eight directions.

```
C U S T O D Y Y R A S R E V I N N A N A
N Z M C O M M O N A L I T Y Y Z B S O D
A F R C O A C H I N G M J N T F D S I O
T L C O N C E R N T R N O T E K Y O T P
R P L G T A P P R E C I A T I O N C C T
O E E E A C T I V I T Y N N X N A I E I
H R V C G E C C P A V S C A N M M A F O
O A L I L I T O D V S P E T A C I T F N
C B D P T V A O U P E O S S L O C I A S
L N U O A N M N D R I U T I G U S O O Q
M O A U L M E Y C L T S O D J S L N R J
C S N R O E T T A E I E R A L I M O N Y
T T I C D I S V T N L E O D D N E F E D
M N C N N E O C D A I P S U I T A C T A
S A E I O R N E E P B W K I S V M P D E
J E F C P G A T R N A Y T H V X E U N S
F F I P S T A I D E C E N C Y D L R R T
A L A T H E A T Y L R E D L E T A B S E
D O W R Y F D T N E M T I M M O C V Z E
H Y T I R O H T U A H E C I V D A N K M
```

Abilities	Alimony	Association	Courteous	Dynamics
Accommodation	Allegiance	Attentive	Cousin	Elderly
Activity	Ancestor	Aunt	Custody	Esteem
Adolescence	Anger	Authority	Death	Fair
Adoption	Anniversary	Coaching	Decency	Son
Adult	Antagonism	Cohort	Defend	Spouse
Advice	Anxiety	Commitment	Descent	Tact
Advise	Appreciation	Commonality	Distant	Ties
Affection	Approval	Concern	Diverse	Twin
Affinity	Ardent	Couple	Dowry	

WORD SEARCH 80

Find the words in the grid. Words can go horizontally, vertically and diagonally in all eight directions.

```
L D G N I H C A O C H A D R Y E F L Y S
Y R A S R E V I N N A D I E T S O P T E
C S C O N S T A N C Y O V T E T L C I I
T O E J R O U Z T W A P O H I E K O R T
S Y U I M N I R R N N T R G X E S N O I
U A R S T S O T G W L I C U N M N N H L
R B L W I H I E A A T O E A A O M E T I
T A N L O N R N V I M N Y D I F L C U B
N T S C E D X O O P C S Z T R A I T A A
O T E S K G R A E G O E A C T I V I T Y
I E L M O P I T D N A D R A L I M O N Y
T N P L P C I A Y O O T P P H Q Y N C L
C T U A E T I T N M L T N A P T C R O A
E I O L I S I A M C C E D A L A N R N N
F V C V R N I O T P E U S H T A E D G C
F E E I I Y C V H I L V S C Y L C T E E
A F A F R C C N D T O V N T E F E C N S
N F F F A Y T E F A S N K W O N D A I T
M A C E C I V D A E N G A G E D C T A O
C O N C E R N A R D E N T P T X Y E L R
```

Abilities
Accommodation
Activity
Adolescence
Adoption
Adult
Advice
Advise
Affection
Affinity

Alimony
Allegiance
Ancestor
Anger
Anniversary
Antagonism
Anxiety
Appreciation
Approval
Ardent

Association
Attentive
Aunt
Authority
Coaching
Cohort
Competitive
Concern
Congenial
Connection

Constancy
Couple
Cousin
Custody
Daughter
Death
Decency
Divorce
Dowry
Engaged

Esteem
Fair
Folks
Safety
Son
Tact
Ties
Trait
Trust

SOLUTION

WORD SEARCH 71

T T N B M A C T I V I T Y A R D E N T T
K N O A G N I H C A O C V A D C A Y Y N
T Q I N S O N A A A N N T C D O D T T E
A A T T M B T D D E S T I O J N O I I M
C N A A T N U A C O E S W W N G P R N T
T C I G J L Z E S N L R O O T E T O U I
N E C O T F D D T P Y E I C D N I H M M
O S E N M Y A I Y L O T S E I I O T M M
I T R I T L V T A N A U L C S A N U O O
T O P S X E I V H D A P S W E L T A C C
C R P M B N O A O E U M E E Z N N I S C
E L A H I R R M L O R E I C E G C I O J
F J Q F P F M E C L T J T C E S S E D N
F R F P C O O Y C P E L I R S T I M F M
A A A P C R H L T N Q G L C E C I V D A
D E S C E N T D K E O E I R O D T D D F
J L A G U J N O C S I C B A I H E I Z A
E L B A T R O F M O C X A I N A O A E V
X N I S U O C A L I M O N Y R C F R T S
W J Y R A S R E V I N N A A Y T E M T H

WORD SEARCH 72

Y C N A T S N O C A L I M O N Y F A I R
R A K O Y T E F A S E C I V D A N T C A
E T D F I L M A R D E N T L T G G C O U
T B M O P T P E S L C H A H E T N O M N
S J M U L D A K S O L V E R V M I M M T
I N O S O E L I H I O R D M I S H F O T
S C O W I O S O C R V L T N T E C O N D
A W R I F N R C P O A D O R I I A R A N
N Y N C T T O F E D S I A E T T O T L E
C T O A U A A G U N T S T C E I C A I F
E E I C T S I L A A C Z A N P L C B T E
S I T E O T T C D T L E B O M I O L Y D
T X C F S M E O E C N L G C O B N E Y A
O N E L A R M N D R O A E X C A F T H D
R A F X C M E U T Y P U K G G N I W T O
N M F M O Z I V N I T P S R I N D E A P
T J A C S O N L I I V C A I I A E K E T
T A C T I V I T Y D T E A F N W N J D I
J A Y T I R O H T U A Y F T S V C C H O
Y R A S R E V I N N A A T I E S E L E N

WORD SEARCH 73

A D E C E N C Y T N E M T I M M O C V A

L D A L I M O N Y C O N C E R N W C D R

T L O A K N O I T A I C O S S A O U L Y

N A N L U B Y N D I V E R S E A L A T D

O G O C E N Y T I N U M M O C T V I T E

I U I S O S T N E C S E D H N O N N L E

T J T E T N C G N I L B I S R I O P F V

A N C I L R G E E Z X N W P F I U A A I

I O E T E G O E N S G N P F T O I G N T

C C F I A S N H N C I A A A C R H F T N

E A F L A L M I O I E V D E C I V D A E

R D A I N D L G S C A O D S W E E T G T

P O C B C O S E P N M L F A M I L Y O T

P P O A E W O H G M T L A R D E N T N A

A T U T S R N E O I A C T I V I T Y I C

S I S C T Y R C Q C A Z D E F E N D S P

K O I A O K C B C O N N E C T I O N M R

L N N T R A Q M Z N K Y C N A T S N O C

O P A U T H O R I T Y N P E W D E A T H

F Y R A S R E V I N N A Y D O T S U C K

WORD SEARCH 74

A D E A T H M A Y R A S R E V I N N A E

L D N T N R D Y Y E N Y M S P C O M L Q

A X O O E U O T T K N P C J K I Z P G L

S A S L L S I H C A R D E N T L U M A F

S B L T E N I O O S G L E A E O O V G A

O X D L I S N V E C I V D A C C O F U M

C K C F E C C I D G T O B D R R E T S I

I R F U E G T E I A M A C O F I H D E L

A A A R S B I B N M P O C P N O N H I Y

T L N T M T L A O C U N A T R H L G T X

I C C N S E O C N S E A L I M O N Y I G

O O E O I Y C D I C R T T O L K Y L L N

N N S I N A T N Y I E Y D N X Q B A I I

R G T T O M D E A C T I V I T Y N V B H

E E O C G E N F I A C O N J U G A L A C

H N R E A E E X H X U D I V E R S E R A

T I T F T T F J J T N N M R D O W R Y O

A A W F N S E N I O R A T E L G N I S C

F L I A A E D N O I T A I C E R P P A Q

E C N E D I F N O C E V I T N E T T A P

WORD SEARCH 75

D E C E N C Y L S A A V Y F T R O H O C
R H X C T R A I T E N T Y C E C I V D A
P F T N N I S U O C I C T T O B S N C N
Y C N A T S N O C N V T E E E U O O X R
A N M I E A C T I V I T Y S N I P J N E
T D W G A D G F A T H E R R T T X L W C
R V O E R P F P E C L L N A I O I N E N
U Z L L N A Z R U S A O D Z G A R V A O
S W A L E V G S V V I O J A S S F T E C
T C D A S S T W O T M V N N E S C N S N
A O O M T O C R C M F N D D I O O E K O
U A P Q D V P E O T I X E A T C M M L I
T C T Y K P N C N V G V S M I I P T O T
H H I K A N C E E C O W N A L A A I F C
O I O X O A C R D T E A D Z I T S M H E
R N N C T S S E I E U U G N B I S M A F
I G V C E A F O T N L J Z H A O I O N F
T C A D R E N N T T Y R W O D N O C G A
Y T B Y N M S I N O G A T N A J N Q E Y
K A R D E N T N I W T A L I M O N Y R Q

WORD SEARCH 76

Z Y T I N U M M O C A L L E G I A N C E
M S I N O G A T N A B T F N S L N F O A
K F O L K S T N U A R C M O H O O A N S
W C O A C H I N G H M A A I I N I I J S
H P M W K A C T I V I T Y T V L T R U O
N T S C I M A N Y D T N A O A D A N G C
A I A L I M O N Y E A D K V R I I O A I
N E T E E Z N Y N N O R O E E S C I L A
G S Q E D R T T N M A R D D E T E T S T
E Y T N E I I I M A P N S E X A R C E I
R S T C N V V O L P D Y C E N N P E I O
E N N I E E C C A V A O T E N T P F T N
J O F L R C S K O A D C L E S I A F I Y
C F C S A O C R D U O E E E I T O A L T
A R A P N P H U E U P D F S S X O R I R
T R A I T R L T S V T L O E I C N R B O
Y W W N R T T I U T I R E W N V E A A H
L A I V I V N O C A O D T K R D D N L O
L A I N E G N O C D N D W L P Y X A C C
M E L B A T R O F M O C Y E C I V D A E

WORD SEARCH 77

A P P R O V A L Y Y L C E C I V D A C G
A C T I V I T Y T D A Y C N A T S N O C
T N A T S I D I T T E O W A L I M O N Y
A S R A J Z N V T I M C N Y N D D V Z T
C B E K L I C E W M R O E O R N P C A E
T C H I F L N O U E I O I N E W O L S F
Y A T F T T E N M T S T H F C N O R S A
T D A A I N I G A M A I E T C Y E D O S
E O F V R T A I I D I D V E U V A G C M
I P E Q Y D C D O A F T R D I A N N I N
X T S P K E E M O M N N M D A N C I A O
N I U G R C M N T L S C H E V Z E H T I
A O O P C O O R T H E I E S N N S C I T
G N P U C I A R A T I S N C H T T A O C
M A S C T D O N R A T C C O U A O O N E
F I A O U H G C I E I O S E G S R C R F
N L V L O E L H A D L U W T N A T I J F
Q E T C R S O N F L I P E W N C T O N A
D K C O M F O R T A B L E I T L E N D G
Y R A S R E V I N N A E T N T N U A A Y

WORD SEARCH 78

N T X C C A F Y A T T E N T I V E N Q T
O F H O O Y D L A S S O C I A T I O N R
I N K N U R F O E C I V D A S A F E T Y
T C A J S W H I L T W I N N R E C N O C
A O Y U I O T B A E T A L I M O N Y D B
I N D G N D F D A L S R N T S E N R A E
C F E A T T O N A P T C O N N T I A R T
E I C L S M X I Y N S C E H P P K S C B
R D E O M I N T E D E D A N O M J R Q A
F E N O E E I D Y J I N N T C C N E M U
P N C T G N R T J X T E G R O E O V S T
A C Y N I A I T E G I F E E M A I I I H
A E O F A N N C R S L E R T P D T N N O
K C F U U I O C D I I D F H A O C N O R
S A S M P A G E E A B V K G S P E A G I
M E M K C L A E D S A E D U S T F T A T
P O N H L T E U L T T G K A I I F S T Y
C R I I H O L B R L K O T D O O A U N C
M N Z V O T F T R I A F R T N N W R A T
G L A V O R P P A A C T I V I T Y T J K

WORD SEARCH 79

```
C U S T O D Y Y R A S R E V I N N A N A
N Z M C O M M O N A L I T Y Y Z B S O D
A F R C O A C H I N G M J N T F D S I O
T L C O N C E R N T R N O T E K Y O T P
R P L G T A P P R E C I A T I O N C C T
O E E E A C T I V I T Y N N X N A I E I
H R V C G E C C P A V S C A N M M A F O
O A L I L I T O D V S P E T A C I T F N
C B D P T V A O U P E O S S L O C I A S
L N U O A N M N D R I U T I G U S O O Q
M O A U L M E Y C L T S O D J S L N R J
C S N R O E T T A E I E R A L I M O N Y
T T I C D I S V T N L E O D D N E F E D
M N C N N E O C D A I P S U I T A C T A
S A E I O R N E E P B W K I S V M P D E
J E F C F G A T R N A Y T H V X E U N S
F F I P S T A I D E C E N C Y D L R R T
A L A T H E A T Y L R E D L E T A B S E
D O W R Y F D T N E M T I M M O C V Z E
H Y T I R O H T U A H E C I V D A N K M
```

WORD SEARCH 80

```
L D G N I H C A O C H A D R Y E F L Y S
Y R A S R E V I N N A D I E T S O P T E
C S C O N S T A N C Y O V T E T L C I I
T O E J R O U Z T W A P O H I E K O R T
S Y U I M N I R R N N T R G X E S N O I
U A R S T S O T G W L I C U N M N N H L
R B L W I H I E A A T O E A A O M E T I
T A N L O N R N V I M N Y D I F L C U B
N T S C E D X O O F C B Z T R A I T A A
O T E S K G R A E G O E A C T I V I T Y
I E L M O P I T D N A D R A L I M O N Y
T N P L F C I A Y O O T P R H O Y N C L
G T U A R T I T N M L T N A P T O R O A
E I O L I S I A M C C E D A L A H R N N
R V C V R N I O T P E U S H T A B O O C
F E E I I Y S V H I L V B O Y L O T E E
A F A R R C C N O T O V H T B F E C N S
N F F P A Y T E P A S N K W O N D A I T
M A C E G I V D A E N G A G E O C T A O
G O N C E R N A R D E N T P T X Y E L R
```

MILITARY
&
VETERANS

WORD SEARCH 81

Find the words in the grid. Words can go horizontally, vertically and diagonally in all eight directions.

```
N O I T I N U M M A M N H S A D A E R I A L L J R
G A Y A A N O I L A T T A B J N L H T A E D N T Y
N G D R E F E T N E T E D N F C V S Z I K B O T R
T G O M R I L T B T M F K N A L F I N Y L P N E E
B R O A A X D O E M T J A B B N G U K G S E N N I
R E L M C L T S A L B H E R M R E G T E M L A D F
I S B E S L C Q N T L D A B C T E N D D H L C U E
G S Z N H A A L E R T U E P A R T A R L P D B R V
A O G T D S I R B E D T B L P C I A C R N E D E I
D R F A C T I O N B R M I A A E B A I H C F L H T
E Y V D A N G E R A D H K R D M A A W R L E E B P
P E H D U E F U Y L I E R C O A E S W B D N I E A
R F D C W N T F E N V I X B A G E E E I A D F L C
S T E B R A R I N B E B K C A P C D S M Q T R L R
S N A U L A F A E R A F B N E N T D B H E R I I P
A U D R Y E N V V R I R R F A S N U O N O N A G A
C O L Y L D I A R E V A R V N I S L R O N C T E R
R C Y T A T G A R L C F D I L H A N R E L H K R T
A C T M P I G C T T A A E B C D C L G E M B M E Y
C A A A T E E A F T L Q H A U A E A L I T N L N B
B G C A M Z J R L A L T J T R R D F R I A T P T O
E W T K L L Z G E B I C A R E E N E E B A P A C O
B O M B K P T O E T E G A L F U O M A C I N M B B
R T V B U N K E R X S M B A Y O N E T H T N C A K
P Y T I L A T U R B A P A R T H E I D W K M E E C
```

Account	Allies	Batter	Booby trap	Cannon	Dash	Endure
Advance	Ambush	Battle	Breach	Captive	Dead	Excess
Aerial	Ammunition	Battlefield	Brigade	Captive	Deadly	Faction
Afloat	Anarchy	Bayonet	Brutal	Capture	Death	Fear
Aggressor	Anguish	Belligerent	Brutality	Carbine	Debacle	Feud
Agitator	Annihilate	Betray	Bullet	Carcass	Debris	Fierce
Aim	Apartheid	Blast	Bunker	Careen	Defect	Fiery
Aircraft	Appeasement	Blindside	Burn	Cargo	Defend	Flank
Airfield	Armament	Blood	Bury	Carnage	Despot	Flee
Airplane	Barrage	Bloody	Cadaver	Carrier	Detente	Fray
Alert	Barricade	Bomb	Camouflage	Damage	Die	Scare
Alliance	Battalion	Bombardment	Campaign	Danger	Elite	Shock

WORD SEARCH 82

Find the words in the grid. Words can go horizontally, vertically and diagonally in all eight directions.

```
E D B T N T Q Z D B A T T L E F I E L D Q D U E F
S R E R O O C L A T U R B P G B O O B Y T R A P E
C S U F E P I E G A M A D M A P A R T H E I D L T
D L A D E A S L T N B O M B R E V A D A C N T N B
T E W C N C C E A E M Y F M Q A C E E L F T E A T
Y T F C R E T H D T D D A S H G A N B D A L R M T
F H N E T A B M T O T H F D S G R I A B L R O T Y
O D C Y N F C U O M B A E L I R G B C G A F E A R
R O B R T D A L N E T V B E U E O R L G E V G A T
C O E A A I B R T K I T E I G S X A E C B C M D F
E L L X P N L R C T E N R F N S J C N R A B E O M
B B L T Z P A A P R A R E R A O Q A I R U B O E W
O Y I N L Y E A T L I K T I J R V G R S R R T V E
M R G U N C C A P U N A T A M D A I H I P A E A R
B E E O E Y A R S A R S A W A D E P S T L V G R U
A I R C B D I M L E E B B P E R C Q E I A B A M T
R F E C R A I F P C M R A E R I A L H G Q U N A P
D T N A X A Y S R A E E T X J P L I I N M R R M A
M E T H E R L O D G I U N D K U N T F N O N A E C
E L E D V A F L N N C G E T B N A J J N H N C N S
N L T E I L B A I E I A N B A T T S A L B W N T S
T U I A T L D Y X A T L U N O I T I N U M M A A E
R B L D P I R E A H N R B R X M Z A L E R T K K C
B Z E L A E K F A R Y C A R E E N M I A E I D V X
X B N Y C S P R M D F N E E D A C I R R A B M R E
```

Account	Allies	Batter	Booby trap	Cannon	Dash	Endure
Advance	Ambush	Battle	Breach	Captive	Dead	Enemy
Aerial	Ammunition	Battlefield	Brigade	Captive	Deadly	Excess
Afloat	Anarchy	Bayonet	Brutal	Capture	Death	Execute
Aggressor	Anguish	Belligerent	Brutality	Carbine	Debacle	Fear
Agitator	Annihilate	Betray	Bullet	Carcass	Debris	Feud
Aim	Apartheid	Blast	Bulletproof	Careen	Defect	Fiery
Aircraft	Appeasement	Blindside	Bunker	Cargo	Defend	Flank
Airfield	Armament	Blood	Burn	Carnage	Despot	Flee
Airplane	Barrage	Bloody	Bury	Carrier	Detect	Force
Alert	Barricade	Bomb	Cadaver	Damage	Die	Forces
Alliance	Battalion	Bombardment	Campaign	Danger	Elite	Fray

WORD SEARCH 83

Find the words in the grid. Words can go horizontally, vertically and diagonally in all eight directions.

```
D N B A T T L E F I E L D D E A D E S N E F E D B
O E D Y E B Y A T C L A T U R B T N C C G C K R W
D G A O M Z U M L X T S A L B A H A N J A L I C F
L B R D O E I L G L L R R D L S M A F R N G V A F
E Y A A L L N E L Y I E E I A B V T C L A G T P M
I Y T Y C Y B E S E K A H D U D H A D D O A N T B
F O H I O Y B U R N T I N S A G S E E B L A T I O
R R W C L N L K U H N P H C I S I S B U M K T V M
I T E B R A E B T N U K R F E D U C A R B I N E B
A S F N L A T T A F O R A O R U G O C Y Y F L E A
T E F A Z I N U R F C E K P O E N R L C O I N V R
T D G L R Y N A R E C G N L P F A E E R T A W A D
E A J A E C Y D L B A N J O D E V I C E L Y D G M
L R B N L E R T S B R A C E I D A E X P S D A G E
L M B O Y F T I M I C D V C A L B S R J C O M R N
U A E R O A U O A A D I D G A A A I E P A O A E T
B M L R B B B O D D T E I Y R R A T C M R L G S Y
N E L E D K Y A M P K T T R K N N F T A E B E S C
G N I T F M V T A A A L A N O N N A C A P N M O T
I T G T X E K C R T C G A E R I A L G S B T T R B
A G E A R C R M O A E A L E R T N L X E I Q U E D
P Q R B F I E R C E P N E E R A C I M X K R T R X
M F E A R N O I T I N U M M A M V E M I A R B H E
A K N E D A C I R R A B F I E R Y S F L A N K E X
C R T A P A R T H E I D B B R E A C H Y O L P E D
```

Account	Ambush	Battlefield	Brutal	Capture	Debris	Fight
Advance	Ammunition	Bayonet	Brutality	Carbine	Defense	Flank
Aerial	Anarchy	Belligerent	Bullet	Carcass	Deploy	Flee
Afloat	Anguish	Betray	Bulletproof	Careen	Destroy	Force
Aggressor	Annihilate	Blast	Bunker	Cargo	Device	Fray
Agitator	Apartheid	Blindside	Burn	Carnage	Die	Frenzy
Aim	Appeasement	Blood	Bury	Damage	Elite	Scare
Aircraft	Armament	Bloody	Cadaver	Danger	Enemy	Score
Airfield	Barrage	Bomb	Camouflage	Dash	Fatal	Seize
Airplane	Barricade	Bombardment	Campaign	Dead	Fear	
Alert	Battalion	Booby trap	Cannon	Deadly	Feud	
Alliance	Batter	Breach	Captive	Death	Fierce	
Allies	Battle	Brigade	Captive	Debacle	Fiery	

WORD SEARCH 84

Find the words in the grid. Words can go horizontally, vertically and diagonally in all eight directions.

V R H F E U D G B V Z E N O I T I N U M M A K Z Y

T B S Z N D N E F E D T B O M B A R D M E N T D Q

Y R I E V I T P A C L I A Y R E I F H T A R O F N

D U U B C A P T U R E L M L M J Y F L L J O A Z H

B T G A W A P A R T H E I D L M B B F O L T E H Q

O A N T F F X A E R I A L G E I E U B B A A V M E

O L A T E L L U B C E X M N E T A R R L T T I A D

B I N L F X S S E L R A E F R R U N C Y N C T G A

Y T W E R A W G T R E L N A L T E A C L U I P G G

T Y D F E W R T Q C R L Y O A E R N B E O D A R I

R T A I T R A C N K A I N L I C D P T E C D C E R

A H N E T B A A R E R E X K A L W I T M C Z A S B

P Q G L A V V C M I M S R S A A A A S A A O R S Q

Y G E D B D R C D D A R S E G P L T M D G F A O H

B H R Y A P M I A I M B E I K I P O T R N M L R T

M R C A M P A I G N E L T F H N U E A A B I Y E D

J E E R Y O L P E D N A E I N F U C A U B L L H E

C G E A A S C O R E T N N R L N D B S S D R T B B

A A G D C N B Y B O A N U A Y K L H S A E A H N R

R M A O H H A A R L A B G L P F E Y E C E M E Z I

R A N O T R R F P R D E F E C T I D J D A R E D S

I D R L F R O R D B A Y O N E T F K A L E R T N K

E L A B A R I W F P B O M B C A R B I N E J E G T

R M C G C A X B T S A L B G X W I C A D A V E R Z

L K E E E D A C I R R A B N F R A E F N O N N A C

Account	Allies	Batter	Booby trap	Cannon	Dash	Fatal
Advance	Ambush	Battle	Breach	Captive	Dead	Fear
Aerial	Ammunition	Battlefield	Brigade	Captive	Deadly	Fearless
Afloat	Anarchy	Bayonet	Brutal	Capture	Death	Ferment
Aggressor	Anguish	Belligerent	Brutality	Carbine	Debris	Feud
Agitator	Annihilate	Betray	Bullet	Carcass	Defect	Fiery
Aim	Apartheid	Blast	Bunker	Careen	Defend	Flank
Aircraft	Appeasement	Blindside	Burn	Cargo	Deploy	Flee
Airfield	Armament	Blood	Bury	Carnage	Dictator	Force
Airplane	Barrage	Bloody	Cadaver	Carrier	Die	Fray
Alert	Barricade	Bomb	Camouflage	Damage	Elite	Scare
Alliance	Battalion	Bombardment	Campaign	Danger	Enemy	Score

WORD SEARCH 85

Find the words in the grid. Words can go horizontally, vertically and diagonally in all eight directions.

```
M C R R N D N E F E D T H M T Y L T C A R E E N Y
S A E D E A T H N D B S F C D N C T F N T J C B O
I M K L C L F A F E O E S O A A O L D A X A R F L
R P N Q A N L L T O U O O A N E P I L E R U N R P
B A U W R P E R O D O L L N C D R I L N T C V A E
E I B U R V A Y A A B R O B I R H B A A E E R Y D
D G B I I Y R G K L T N P E Y I A G L L T P C I K
P N A T E Z I E S A L E R T N H E C T M Z T C T A
F T P Q R T B R I G A D E N E M C T S A L B A L N
M A A P A R T H E I D F A G X L A R P F B K A B D
C B P T Y B N P L H L A B T A B L M A A L T H D A
B F O P F M U D R S L R O N T V R U R N A E K D M
E R I O E I E R P I Y M M U M I A R B F A R E L A
L Z Y G B A E N Y U L A B O F G A S B O M B R E G
L Y T D H Y S R E G D M A C N G F A N A T I C I E
I E E A F T T E Y N A E R C E M T L X G T Q B F L
G G D N L L B R M A E N D A N M Q L G G C J R R R
E A I G Z L D A A E D T M E D A C I R R A B U I E
R L S E F A I M Y P N R E N L K G E S E P S T A T
E F D R E E B A C O Z T N I F C K S C S T C A T T
N U N D M U A M N A N N T B H M A N A S I O L C A
T O I H S A D R R C R E C R O F A B R O V R I E B
L M L H A E R I A L E G T A V V N N E R E E T F C
D A B T E L L U B X K D O C D R E V A D A C Y E Y
M C N O I T I N U M M A B A T T L E F I E L D D R
```

Account	Ambush	Battlefield	Brutal	Carbine	Debris	Flee
Advance	Ammunition	Bayonet	Brutality	Carcass	Defect	Force
Aerial	Anarchy	Belligerent	Bullet	Careen	Defend	Fray
Afloat	Anguish	Betray	Bulletproof	Cargo	Deploy	Savage
Aggressor	Annihilate	Blast	Bunker	Carnage	Detect	Scare
Agitator	Apartheid	Blindside	Burn	Carrier	Die	Score
Aim	Appeasement	Blood	Bury	Damage	Enemy	Seize
Aircraft	Armament	Bloody	Cadaver	Danger	Fanatic	
Airfield	Barrage	Bomb	Camouflage	Dash	Fatal	
Airplane	Barricade	Bombardment	Campaign	Dead	Fear	
Alert	Battalion	Booby trap	Cannon	Deadly	Feud	
Alliance	Batter	Breach	Captive	Death	Fiery	
Allies	Battle	Brigade	Captive	Debacle	Fight	

WORD SEARCH 86

Find the words in the grid. Words can go horizontally, vertically and diagonally in all eight directions.

E D R T B C B A Y O N E T Y K E T E D A G I R B T
R K O A D E A D L Y R N E O C A M O U F L A G E L
O D X O P L L D R C G J O N P H E D I S D N I L B
C L L L L P E L A P N C A I I S B C B U N K E R B
S E E L F B E M I A L V A Y L L E U C K R H E A L
P I X V R T P A G G D A V R C A C D R K B L R L Q
B F Y I I A F I S A E E F A E B T E J N T R Q L T
O E S H I T T A O E N R P L R E P T D T A B O M B
M L H G C A P G R A M T E E O B N X A G F K C K E
B T N S T R R A L C U E A N J A O B E B I D A S V
A T Q O A A A P C R R C N R T E T O K U E L R S I
R A R F C D R N E Y H I C T H G S V B R R E B A T
D B E H D I C T A T O R A R S A I Z Y Y Y I I C P
M Y T K A P A R T H E I D T I N L B T D T F N R A
E T T A E R I A L T A B A A U R N Q O A D R E A C
N I A M N O N N A C L T V G G A E O M A E I A C Z
T L B F R A Y L W A L H E G N C L B T R M A K P P
D A E I D Q I V S R I T R R A B U Z C M O D U E F
E T L M L H T T L R E T E E D S F N E A L E R T B
L U T L I A D A T I S N T S H E L D F M I C E X E
C R L N I A T E X E J U I S M Z A L E E S N Z M T
A B N X N A L U C R N O L O L E N T D N H F I W R
B A Z G F L N R R B J C E R D Y K R H T D T E L A
E B E M U P O C Q B N C N O I T I N U M M A S A Y
D R L B B F D Z E E G A M A D E D A C I R R A B R

Account	Allies	Batter	Booby trap	Cannon	Dash	Elite
Advance	Ambush	Battle	Breach	Captive	Dead	Enlist
Aerial	Ammunition	Battlefield	Brigade	Captive	Deadly	Fatal
Afloat	Anarchy	Bayonet	Brutal	Capture	Death	Fear
Aggressor	Anguish	Belligerent	Brutality	Carbine	Debacle	Feud
Agitator	Annihilate	Betray	Bullet	Carcass	Debris	Fiery
Aim	Apartheid	Blast	Bunker	Careen	Decline	Flank
Aircraft	Appeasement	Blindside	Burn	Cargo	Defect	Flee
Airfield	Armament	Blood	Bury	Carnage	Demolish	Force
Airplane	Barrage	Bloody	Cadaver	Carrier	Despot	Fray
Alert	Barricade	Bomb	Camouflage	Damage	Dictator	Score
Alliance	Battalion	Bombardment	Campaign	Danger	Die	Seize

WORD SEARCH 87

Find the words in the grid. Words can go horizontally, vertically and diagonally in all eight directions.

B A T T L E F I E L D M D A M A G E T P M B X C D

Y B E M H Y T I L A T U R B Q R E I D E M E A L E

D R N M S C A R R I E R T S Y M B L T O L D C N V

O I I R I A Y M T Y M E N E L A E J B I A L A K I

O G B T U A P H S F G B U C D M L G T V S L U Z C

L A R E G G B P C Y A N O R A E L E E I P O B B E

B D A G N G D L E R L R C E E N I R R R G R B T A

V E C A A R D E I A A C C T D T G B I R U E A M B

B C Z L F E E J S N S N A R C W E A A T T L B A R

D A F F E S B E D T D E A T I D R C A R I U R D B

E R Y U U S A P V D R S M I A A E L A H S R T L U

A C N O D O C F N I E O I E G C N Y I H A N N E L

T A O M N R L X L D T T Y D N W T N A G Z H E I L

H S I A K E E V E O T P E T E T N G E R R S M F E

N S T C H A T P E J A W A N N A K D A E F E D R T

A E R I A L L L Q D B T N C T O E G K B C I R I P

F P E V V O T L T A L E R T G E I N T N F T A A R

C A S R Y T N G I A P M A C L T U L A T I L B C O

A R E D A C I R R A B P F F A B H V A V G A M A O

P T D B Y C E B A K N E D T Y W D S N T H U O N F

T Y K D D G Q N L D A C O O B A X E A C T S B N X

I B Y M N H P L L R Z R E G O U C K A D E A Q O J

V O T A N O I T I N U M M A W L R F C D R C B N N

E O D T S A L B E C A R N A G E B Y J B R E A C H

F B N T B U R N S Z T A P A R T H E I D K N A L F

Account	Allies	Batter	Booby trap	Campaign	Damage	Device
Advance	Ambush	Battle	Breach	Cannon	Danger	Die
Aerial	Ammunition	Battlefield	Brigade	Captive	Dash	Elite
Afloat	Anarchy	Bayonet	Brutal	Captive	Dead	Enemy
Aggressor	Anguish	Belligerent	Brutality	Carbine	Deadly	Fear
Agitator	Annihilate	Betray	Bullet	Carcass	Death	Feud
Aim	Apartheid	Blast	Bulletproof	Careen	Debacle	Fighter
Aircraft	Appeasement	Blindside	Bunker	Cargo	Debris	Flank
Airfield	Armament	Blood	Burn	Carnage	Deploy	Flee
Airplane	Barrage	Bloody	Bury	Carrier	Desertion	Fray
Alert	Barricade	Bomb	Cadaver	Casualties	Destroy	Secret
Alliance	Battalion	Bombardment	Camouflage	Cataclysm	Detente	

WORD SEARCH 88

Find the words in the grid. Words can go horizontally, vertically and diagonally in all eight directions.

E D A C I R R A B F B U L L E T P R O O F M F E C
Q T L T J T M Q B A T T L E F I E L D Z M K T A E
B O M B C B A E R I A L E D A G I R B C F A P N M
P P R E U H M E Y A E G A L F U O M A C L T A B A
L S F S S D L L G N O I T I N U M M A I I L U O R
L E H A E I N I R E V A D A C M N N H V P R E O M
D D D A T N T G P R A F E U D B F I E R Y L G B A
K D D E Y A O T I R B P N L X A N A I J T G A Y M
A L E R T D E I F A E O P Q C N N A F T K R N T E
Y E B O D E A D L A P D M E A A D G A L R Y R R N
T I R B L N B T E A R M I B A V B B E A O W A A T
I F I F K R E C A T T C A S A S R E G R B A C P K
L R S H E L N Y G L E T R C D R E E D B V B T C T
A I X A L A D B G D E C A I Q N D M Q F R H Q A Z
T A C U V O F U R O W C T B A T I M E A R S C P H
U H B D O R W R E O C A R B I N E L E N E I R T N
R W A L A Y E N S L A L D O M U E F B N T U M I A
B Y B Y O R H E S B Y L K K F O K T L A T G F V G
B M N D U G R C O N B I L N Q C B B N W A N I E R
E E O D E U R K R L P E Y I L C A A U E B A E D E
T N N N T V N A A A C S M O A A F R Y N T H R A I
R E N P C A I S C Z N D I E L N T L E O K E Y M R
A R A T L R T C T E P A C S E P C U N E N E D A R
Y C C F T N E R E G I L L E B H E E R L N E R G A
T P A P A R T H E I D C H T A E D D K B D P T E C

Account	Ambush	Battlefield	Brutal	Capture	Debris	Fear
Advance	Ammunition	Bayonet	Brutality	Carbine	Defect	Feud
Aerial	Anarchy	Belligerent	Bullet	Careen	Deploy	Fiery
Afloat	Anguish	Betray	Bulletproof	Cargo	Despot	Flank
Aggressor	Annihilate	Blast	Bunker	Carnage	Detect	Flee
Agitator	Apartheid	Blindside	Burn	Carrier	Detente	Force
Aim	Appeasement	Blood	Bury	Damage	Device	Fray
Aircraft	Armament	Bloody	Cadaver	Danger	Die	
Airfield	Barrage	Bomb	Camouflage	Dash	Elite	
Airplane	Barricade	Bombardment	Campaign	Dead	Endure	
Alert	Battalion	Booby trap	Cannon	Deadly	Enemy	
Alliance	Batter	Breach	Captive	Death	Escape	
Allies	Battle	Brigade	Captive	Debacle	Fanatic	

WORD SEARCH 89

Find the words in the grid. Words can go horizontally, vertically and diagonally in all eight directions.

```
C L Z B U L L E T P R O O F N O I T I N U M M A A
Y A L G Z N L B A T T L E F I E L D E E G K H M S
T L R A R T C A M O U F L A G E C V T I F P B Z H
X S D B T D E F E N D T L D J A I A K B D U C B O
N G I A I A E C I V E D N Y R T L H E Q S T A E C
E O B L E N F T A L E R T C P I M S G H R C R L K
R D I F N D E N L P Z L A A H B E I A F L E E L B
U L N L E E D U Y A T S C I U L W U N K A F E I R
T E W B A U B O M R S M N R I G E G R H G E N G I
P I X J R T D C E T P N Y T Q N A N A E G D R E G
A F N Y Y E T C N Y A H E H A G E A C T R A E R A
C R A V M I A A E B O M B L I L Z N Z Y E L T E D
B I C L J D T C B O H M P T C E A T D F S L T N E
E A N A L K E D H O T R A A A V D O F R S I A T N
Y G Y O R I B S J B I T B P D F O I E A O E B T N
Y A A O N R A U T A O E E A P L L G S F R S P B N
C H R M N N I N N R D Y N Y B E N O I D B C B R D
A A C F A E A E C K O T D X T A A E A R N E R E X
M R B R C D T C R E E Y U Q D I R S U T T I T I B
P M U D A B E D A C I R R A B Y L T E R T E L A A
A A R O P N A P A R T H E I D T A A A M C O R B W
I M N O T D A L R E V A D A C L R Y T T E R O D P
G E K L I J C D T N E M D R A B M O B U A N E H K
N N M B V D A S H T S A L B O G R A C G R A T N S
M T K Y E T R A E R I A L H T A E D E M D B Z G Q
```

Account	Allies	Batter	Booby trap	Campaign	Danger	Elite
Advance	Ambush	Battle	Breach	Cannon	Dash	Endure
Aerial	Ammunition	Battlefield	Brigade	Captive	Dead	Enemy
Afloat	Anarchy	Bayonet	Brutal	Captive	Deadly	Enlist
Aggressor	Anguish	Belligerent	Brutality	Capture	Death	Fatal
Agitator	Annihilate	Betray	Bullet	Carbine	Debacle	Fear
Aim	Apartheid	Blast	Bulletproof	Carcass	Defect	Feud
Aircraft	Appeasement	Blindside	Bunker	Careen	Defend	Fiery
Airfield	Armament	Blood	Burn	Cargo	Destroy	Flee
Airplane	Barrage	Bloody	Bury	Carnage	Detect	Fray
Alert	Barricade	Bomb	Cadaver	Carrier	Device	Shock
Alliance	Battalion	Bombardment	Camouflage	Damage	Die	Shoot

WORD SEARCH 90

Find the words in the grid. Words can go horizontally, vertically and diagonally in all eight directions.

```
V E B A T T L E F I E L D F D E D A C I R R A B A
L G A M Y A P A R T H E I D F R K C O H S R B C L
B A Y F J M E L C A B E D A D E A D L Y B E R C L
E N T D L N E S N E F E D G L T J X R T T K I A I
L R I O C O R N L N A N E G C T H U K Y N N G R E
L A L O A X A U E M A L B R F A B G D H U U A C S
I C A L R M C T B G T R E E T B P O I L O B D A T
G G T B R W S U I T U C E S T F O T A F C X E S C
E K U M I F S T A T N N C S N L A T U D C H D S E
R T R K E H A B A A A G B O B V A R C R A R H T F
E A B A R T X L V L V E C R O F D A C Z E D A J E
N R R F O B D D P N O I T I N U M M A R A L T K D
T M A R A D A R K D A M A G E P B O E N I R N D D
D A C L E P I N E E R A C M A A N V G H C A E P L
L M E A L A P T C E T E D I R C I E I R L M M H E
C E D D D I T E L L U B G R A T R N B F A X D S I
A N N F I A A D A J X N A R P B N B O M B C R I F
M T J O Y S V N I S X G B A E A A E R I A L A U R
O B E B I H D E C E E I C T Y H Q V T S A L B G I
U F A V R L C N R E N M R Y S A L E R T L Y M N A
F Y E Y I E A R I E B A E A V M G E L I T E O A D
L N V U O T A T A L Y F D N O N N A C F G R B X E
A L K L D N P C T N B L H Z T B O O B Y T R A P A
G E R U D N E A H A A E B U L L E T P R O O F K T
E D N E F E D T C N B E Z W L S I R B E D M I A H
```

Account	Allies	Batter	Booby trap	Campaign	Danger	Elite
Advance	Ambush	Battle	Breach	Cannon	Dash	Endure
Aerial	Ammunition	Battlefield	Brigade	Captive	Dead	Enemy
Afloat	Anarchy	Bayonet	Brutal	Captive	Deadly	Fatal
Aggressor	Anguish	Belligerent	Brutality	Capture	Death	Fear
Agitator	Annihilate	Betray	Bullet	Carbine	Debacle	Feud
Aim	Apartheid	Blast	Bulletproof	Carcass	Debris	Fight
Aircraft	Appeasement	Blindside	Bunker	Careen	Defect	Flank
Airfield	Armament	Blood	Burn	Cargo	Defend	Flee
Airplane	Barrage	Bloody	Bury	Carnage	Defense	Force
Alert	Barricade	Bomb	Cadaver	Carrier	Detect	Scare
Alliance	Battalion	Bombardment	Camouflage	Damage	Die	Shock

SOLUTION

WORD SEARCH 81

N O I T I N U M M A M N H S A D A E R I A L L J R
G A Y A A N O I L A T T A B J N L H T A E D N T Y
N G D R E F E T N E T E D N F C V S Z I K B O T R
T G O M R I L T B T M F K N A L F I N Y L P N E E
B R O A A X D O E M T J A B B N G U K G S E N N I
R E L M C L T S A L B H E R M R E G T E M L A D F
I S B E S L C Q N T L D A B C T E N D D H L C U E
G S Z N H A A L E R T U E P A R T A R L P D B R V
A O G T D S I R B E D T B L P C I A C R N E D E I
D R F A C T I O N B R M I A A E B A I H C F L H T
E Y V D A N G E R A D H K R D M A A W R L E E B P
P E H D U E F U Y L I E R C O A E S W B D N I E A
R F D C W N T F E N V I X B A G E E E I A D F L C
S T E B R A R I N B E B K C A P C D S M Q T R L R
S N A U L A F A E R A F B N E N T C B H E R I I P
A U D R Y E N V V R I R R F A S N U O N O N A G A
C O L Y L D I A R E V A R V N I S L R O N C T E R
R C Y T A T G A R L C F D I L H A N R E L H K R T
A C T M P I G C T T A A E B C D C L G E M B M E Y
C A A A T E E A F T L Q H A U A E A L I T N L N B
B G C A M Z J R L A L T J T R R D F R I A T P T O
E W T K L L Z G E B I C A R E E N E E B A P A C O
B O M B K P T O E T E G A L F U O M A C I N M B B
R T V B U N K E R X S M B A Y O N E T H T N C A K
P Y T I L A T U R B A P A R T H E I D W K M E E C

WORD SEARCH 82

E D B T N T Q Z D B A T T L E F I E L D Q D U E F
S R E R O O C L A T U R B P G B O O B Y T R A P E
C S U F E P I E G A M A D M A P A R T H E I D L T
D L A D E A S L T N B O M B R E V A D A C N T N B
T E W C N C C E A E M Y F M Q A C E E L F T E A T
Y T F C R E T H D T D D A S H G A N B D A L R M T
F H N E T A B M T O T H F D S G R I A B L R O T Y
O D C Y N F C U O M B A E L I R G B C G A F E A R
R O B R T D A L N E T V B E U E O R L G E V G A T
C O E A A I B R T K I T E I G S X A E C B C M D F
E L L X P N L R C T E N R F N S J C N R A B E O M
B B L T Z P A A F R A R E R A O Q A I R U B O E W
O Y I N L Y E A T L I K T I J R V G R S R R T V E
M R G U N C C A F U N A T A M D A I H I F A E A R
B E E O E Y A R S A R S A W A D E P S T L V G R U
A I R C B D I M L E E B B P E R C Q E I A B A M T
R F E C R A I F P C M R A E R I A L H G Q U N A P
D T N A X A Y S R A E E T X J P L I I N M R R M A
M E T H E R L O D G I U N D K U N T F N O N A E C
E L E D V A F L N N C G E T B N A J J N H N C N S
N L T E I L B A I E I A N B A T T S A L B W N T S
T U I A T L D Y X A T L U N O I T I N U M M A A E
R B L D P I R E A H N R B R X M Z A L E R T K K C
B Z E L A E K F A R Y C A R E E N M I A E I D V X
X B N Y C S P R M D F N E E D A C I R R A B M R E

WORD SEARCH 83

D N B A T T L E F I E L D D E A D E S N E F E D B

O E D Y E B Y A T C L A T U R B T N C C G C K R W

D G A O M Z U M L X T S A L B A H A N J A L I C F

L B R D O E I L G L L R R D L S M A F R N G V A F

E Y A A L L N E L Y I E E I A B V T C L A G T P M

I Y T Y C Y B E S E K A H D U D H A D D O A N T B

F O H I O Y B U R N T I N S A G S E E B L A T I O

R R W C L N L K U H N P H C I S I S B U M K T V M

I T E B R A E B T N U K R F E D U C A R B I N E B

A S F N L A T T A F O R A O R U G O C Y Y F L E A

T E F A Z I N U R F C E K P O E N R L C O I N V R

T D G L R Y N A R E C G N L P F A E E R T A W A D

E A J A E C Y D L B A N J O D E V I C E L Y D G M

L R B N L E R T S B R A C E I D A E X P S D A G E

L M B O Y F T I M I C D V C A L B S R J C O M R N

U A E R O A U O A A D I D G A A A I E P A O A E T

B M L R B B B O D D T E I Y R R A T C M R L G S Y

N E L E D K Y A M P K T T R K N N F T A E B E S C

G N I T F M V T A A A L A N O N N A C A P N M O T

I T G T X E K C R T C G A E R I A L G S B T T R B

A G E A R C R M O A E A L E R T N L X E I Q U E D

P Q R B F I E R C E P N E E R A C I M X K R T R X

M F E A R N O I T I N U M M A M V E M I A R B H E

A K N E D A C I R R A B F I E R Y S F L A N K E X

C R T A P A R T H E I D B B R E A C H Y O L P E D

WORD SEARCH 84

V R H F E U D G B V Z E N O I T I N U M M A K Z Y

T B S Z N D N E F E D T B O M B A R D M E N T D Q

Y R I E V I T P A C L I A Y R E I F H T A R O F N

D U U B C A P T U R E L M L M J Y F L L J O A Z H

B T G A W A P A R T H E I D L M B B F O L T E H Q

O A N T F F X A E R I A L G E I E U B B A A V M E

O L A T E L L U B C E X M N E T A R R L T T I A D

B I N L F X S S E L R A E F R R U N C Y N C T G A

Y T W E R A W G T R E L N A L T E A C L U I P G G

T Y D F E W R T Q C R L Y O A E R N B E O D A R I

R T A I T R A C N K A I N L I C D P T E C D C E R

A H N E T B A A R E R E X K A L W I T M C Z A S B

P Q G L A V V C M I M S R S A A A A S A A O R S Q

Y G E D B D R C D D A R S E G P L T M D G F A O H

B H R Y A P M I A I M B E I K I P O T R N M L R T

M R C A M P A I G N E L T F H N U E A A B I Y E D

J E E R Y O L P E D N A E I N F U C A U B L L H E

C G E A A S C O R E T N N R L N D B S S D R T B B

A A G D C N B Y B O A N U A Y K L H S A E A H N R

R M A O H H A A R L A B G L P F E Y E C E M E Z I

R A N O T R R F P R D E F E C T I D J D A R E D S

I D R L F R O R D B A Y O N E T F K A L E R T N K

E L A B A R I W F P B O M B C A R B I N E J E G T

R M C G C A X B T S A L B G X W I C A D A V E R Z

L K E E E D A C I R R A B N F R A E F N O N N A C

WORD SEARCH 85

```
M C R R N D N E F E D T H M T Y L T C A R E E N Y
S A E D E A T H N D B S F C D N C T F N T J C B O
I M K L C L F A F E O E S O A A O L D A X A R F L
R P N Q A N L L T O U O O A N E P I L E R U N R P
B A U W R P E R O D O L L N C D R I L N T C V A E
E I B U R V A Y A A B R O B I R H B A A E E R Y D
D G B I I Y R G K L T N P E Y I A G L L T P C I K
P N A T E Z I E S A L E R T N H E C T M Z T C T A
F T F Q R T B R I G A D E N E M C T S A L B A L N
M A A P A R T H E I D F A G X L A R P F B K A B D
C B P T Y B N P L H L A B T A B L M A A L T H D A
B F O P F M U D R S L R O N T V R U R N A E K D M
E R I O E I E R P I Y M M U M I A R B F A R E L A
L Z Y G B A E N Y U L A B O F G A S B O M B R E G
L Y T D H Y S R E G D M A C N G F A N A T I C I E
I E E A F T T E Y N A E R C E M T L X G T Q B F L
G G D N L L B R M A E N D A N M Q L G G C J R R R
E A I G Z L D A A E D T M E D A C I R R A B U I E
R L S E F A I M Y P N R E N L K G E S E P S T A T
E F D R E E B A C O Z T N I F C K S C S T C A T T
N U N D M U A M N A N N T B H M A N A S I O L C A
T O I H S A D R R C R E C R O F A B R O V R I E B
L M L H A E R I A L E G T A V V N N E R E E T F C
D A B T E L L U B X K D O C D R E V A D A C Y E Y
M C N O I T I N U M M A B A T T L E F I E L D D R
```

WORD SEARCH 86

```
E D R T B C B A Y O N E T Y K E T E D A G I R B T
R K O A D E A D L Y R N E O C A M O U F L A G E L
O D X O P L L D R C G J O N P H E D I S D N I L B
C L L L L P E L A P N C A I I S B C B U N K E R B
S E E L F B E M I A L V A Y L L E U C K R H E A L
P I X V R T P A G G D A V R C A C D R K B L R L Q
B F Y I I A F I S A E E F A E B T E J N T R Q L T
O E S H I T T A O E N R P L R E P T D T A B O M B
M L H G C A P G R A M T E E O B N X A G F K C K E
B T N S T R R A L C U E A N J A O B E B I D A S V
A T Q O A A A P C R R C N R T E T O K U E L R S I
R A R F C D R N E Y H I C T H G S V B R R E B A T
D B E H D I C T A T O R A R S A I Z Y Y Y I I C P
M Y T K A P A R T H E I D T I N L B T D T F N R A
E T T A E R I A L T A B A A U R N Q O A D R E A C
N I A M N O N N A C L T V G G A E O M A E I A C Z
T L B F R A Y L W A L H E G N C L B T R M A K P P
D A E I D Q I V S R I T R R A B U Z C M O D U E F
E T L M L H T T L R E T E E D S F N E A L E R T B
L U T L I A D A T I S N T S H E L D F M I C E X E
C R L N I A T E X E J U I S M Z A L E E S N Z M T
A B N X N A L U C R N O L O L E N T D N H F I W R
B A Z G F L N R R B J C E R D Y K R H T D T E L A
E B E M U P O C Q B N C N O I T I N U M M A S A Y
D R L B B F D Z E E G A M A D E D A C I R R A B R
```

WORD SEARCH 87

B A T T L E F I E L D M D A M A G E T P M B X C D
Y B E M H Y T I L A T U R B Q R E I D E M E A L E
D R N M S C A R R I E R T S Y M B L T O L D C N V
O I I R I A Y M T Y M E N E L A E J B I A L A K I
O G B T U A P H S F G B U C D M L G T V S L U Z C
L A R E G G B P C Y A N O R A E L E E I P O B B E
B D A G N G D L E R L R C E E N I R R R G R B T A
V E C A A R D E I A A C C T D T G B I R U E A M B
B C Z L F E E J S N S N A R C W E A A T T L B A R
D A F F E S B E D T D E A T I D R C A R I U R D B
E R Y U U S A P V D R S M I A A E L A H S R T L U
A C N O D O C F N I E O I E G C N Y I H A N N E L
T A O M N R L X L D T T Y D N W T N A G Z H E I L
H S I A K E E V E O T P E T E T N G E R R S M F E
N S T C H A T P E J A W A N N A K D A E F E D R T
A E R I A L L L Q D B T N C T O E G K B C I R I P
F P E V V O T L T A L E R T G E I N T N F T A A R
C A S R Y T N G I A P M A C L T U L A T I L B C O
A R E D A C I R R A B P F F A B H V A V G A M A O
P T D B Y C E B A K N E D T Y W D S N T H U O N F
T Y K D D G Q N L D A C O O B A X E A C T S B N X
I B Y M N H P L L R Z R E G O U C K A D E A Q O J
V O T A N O I T I N U M M A W L R F C D R C B N N
E O D T S A L B E C A R N A G E B Y J B R E A C H
F B N T B U R N S Z T A P A R T H E I D K N A L F

WORD SEARCH 88

E D A C I R R A B F B U L L E T P R O O F M F E C
Q T L T J T M Q B A T T L E F I E L D Z M K T A E
B O M B C B A E R I A L E D A G I R B C F A P N M
P P R E U H M E Y A E G A L F U O M A C L T A B A
L S F S S D L L G N O I T I N U M M A I I L U O R
L E H A E I N I R E V A D A C M N N H V P R E O M
D D D A T N T G P R A F E U D B F I E R Y L G B A
K D D E Y A O T I R B P N L X A N A I J T G A Y M
A L E R T D E I F A E O P Q C N N A F T K R N T E
Y E B O D E A D L A P D M E A A D G A L R Y R R N
T I R B L N B T E A R M I B A V B B E A O W A A T
I F I F K R E C A T T C A S A S R E G R B A C P K
L R S H E L N Y G L E T R C D R E E D B V B T C T
A I X A L A D B G D E C A I Q N D M Q F R H Q A Z
T A C U V O F U R O W C T B A T I M E A R S C P H
U H B D O R W R E O C A R B I N E L E N E I R T N
R W A L A Y E N S L A L D O M U E F B N T U M I A
B Y B Y O R H E S B Y L K K F O K T L A T G F V G
B M N D U G R C O N B I L N Q C B B N W A N I E R
E E O D E U R K R L P E Y I L C A A U E B A E D E
T N N N T V N A A A C S M O A A F R Y N T H R A I
R E N P C A I S C Z N D I E L N T L E O K E Y M R
A R A T L R T C T E P A C S E P C U N E N E D A R
Y C C F T N E R E G I L L E B H E E R L N E R G A
T P A P A R T H E I D C H T A E D D K B D P T E C

WORD SEARCH 89

C L Z B U L L E T P R O O F N O I T I N U M M A A
Y A L G Z N L B A T T L E F I E L D E E G K H M S
T L R A R T C A M O U F L A G E C V T I F P B Z H
X S D B T D E F E N D T L D J A I A K B D U C B O
N G I A I A E C I V E D N Y R T L H E Q S T A E C
E O B L E N F T A L E R T C P I M S G H R C R L K
R D I F N D E N L P Z L A A H B E I A F L E E L B
U L N L E E D U Y A T S C I U L W U N K A F E I R
T E W B A U B O M R S M N R I G E G R H G E N G I
P I X J R T D C E T P N Y T Q N A N A E G D R E G
A F N Y Y E T C N Y A H E H A G E A C T R A E R A
C R A V M I A A E B O M B L I L Z N Z Y E L T E D
B I C L J D T C B O H M P T C E A T D F S L T N E
E A N A L K E D H O T R A A A V D O F R S I A T N
Y G Y O R I B S J B I T B P D F O I E A O E B T N
Y A A O N R A U T A O E E A P L L G S F R S P B N
C H R M N N I N N R D Y N Y B E N O I D B C B R D
A A C F A E A E C K O T D X T A A E A R N E R E X
M R B R C D T C R E E Y U Q D I R S U T T I T I B
P M U D A B E D A C I R R A B Y L T E R T E L A A
A A R O P N A P A R T H E I D T A A A M C O R B W
I M N O T D A L R E V A D A C L R Y T T E R O D P
G E K L I J C D T N E M D R A B M O B U A N E H K
N N M B V D A S H T S A L B O G R A C G R A T N S
M T K Y E T R A E R I A L H T A E D E M D B Z G Q

WORD SEARCH 90

V E B A T T L E F I E L D F D E D A C I R R A B A
L G A M Y A P A R T H E I D F R K C O H S R B C L
B A Y F J M E L C A B E D A D E A D L Y B E R C L
E N T D L N E S N E F E D G L T J X R T T K I A I
L R I O C O R N L N A N E G C T H U K Y N N G R E
L A L O A X A U E M A L B R F A B G D H U U A C S
I C A L R M C T B G T R E E T B P O I L O B D A T
G G T B R W S U I T U C E S T F O T A F C X E S C
E K U M I F S T A T N N C S N L A T U D C H D S E
R T R K E H A B A A A G B O B V A R C R A R H T F
E A B A R T X L V L V E C R O F D A C Z E D A J E
N R R F O B D D P N O I T I N U M M A R A L T K D
T M A R A D A R K D A M A G E P B O E N I R N D D
D A C L E P I N E E R A C M A A N V G H C A E P L
L M E A L A P T C E T E D I R C I E I R L M M H E
C E D D D I T E L L U B G R A T R N B F A X D S I
A N N F I A A D A J X N A R P B N B O M B C R I F
M T J O Y S V N I S X G B A E A A E R I A L A U R
O B E B I H D E C E E I C T Y H Q V T S A L B G I
U F A V R L C N R E N M R Y S A L E R T L Y M N A
F Y E Y I E A R I E B A E A V M G E L I T E O A D
L N V U O T A T A L Y F D N O N N A C F G R B X E
A L K L D N P C T N B L H Z T B O O B Y T R A P A
G E R U D N E A H A A E B U L L E T P R O O F K T
E D N E F E D T C N B E Z W L S I R B E D M I A H

BIOLOGY & CELLS

WORD SEARCH 91

Find the words in the grid. Words can go horizontally, vertically and diagonally in all eight directions.

```
L Y G R E L L A M H A P V B N E K Y C Y C L I C T
H B P K Q E C N A L A B N V N K N A N L D I L K W
J C H L O R O P H Y L L E Z T B O N N T E E L Q N
R P A D A P T A T I O N Y O C O I O Y C R C O I B
J E R L V B D A N R H M K A M T T I G N E O R X A
N B I O M E I R M B E Q Y N W A P T R I G S E K C
Z T J R T F M S A S Z D O T F N R U E T N Y T C I
H E S K R H A C E A A I H I Y Y O L N X A S S O M
N M V Y M A T U L C T L V B T R S L E E D T E H R
G B M T L E B I D A T J P O I O B O A P N E L E E
I R G Y R A M L L I K R R D V T A P L E E M O S H
N Y K I D E T I J L T M J Y A A G N L C R N H I T
E O A A N X M A N A T O M Y C D Q L N T B O C V O
B M L T E I B L C U C K R O R E K A A O A I B E X
K W A D S R L T Y X M I N Y C R P F I P C S C R E
J R B S A L O R B E W T M I Q P M P B L K O O Q A
Y N A N L N A B T S R M T E E Q P Y I A B R N A P
C J C L H N N Y I A N A U N D A P Y H S O E T M R
R H L B O I G R C C M G D G T N P R P M N N R E O
H E D R E O N T K O O A F H P H E L M R E R O D D
C B O T L L I K R L G L O Q M C I T A U Q A L E U
N C O O R O G H A E X G L L S U O R O V I N R A C
Y R I Z N Y C N Q R E A H M A T R O P H Y L V Q E
P B L Z V A A W V N K E L C I T A M O R H C H W R
F C O L L A G E N R E H T A E R B E C O L O G Y F
```

Absorption	Analogue	Atrophy	Bisect	Cholesterol	Ecology	Erosion
Achromatic	Anatomy	Auditory	Botany	Chromatic	Ecosystem	Exothermic
Adaptation	Ancestor	Backbone	Branch	Cilia	Ectoplasm	Extinct
Aerobic	Antibody	Bacteria	Breathe	Cohesive	Edema	Pathogen
Algae	Appendage	Balance	Carnivorous	Collagen	Embryo	Plasma
Alimentary	Aquatic	Barrier	Catalyst	Contraction	Endangered	Pollution
Allergy	Arboreal	Benign	Cavity	Control	Endemic	Predator
Amoeba	Asexual	Biology	Cell	Coronary	Energy	Producer
Amphibian	Assimilation	Biome	Chlorophyll	Cyclic	Enzyme	Protein

WORD SEARCH 92

Find the words in the grid. Words can go horizontally, vertically and diagonally in all eight directions.

```
C N C A R N I V O R O U S Q D A Z E D C L G M R W
O M E O A B K R C I T A U Q A R U T C L Y L T L G
H W R C N R I J Y G R E L L A G C D E I L N M A C
E B Q E T T K S Q C B K W M O I B C I T L K C U O
S A P J I O R R E N W Q L L T R P L A T V I R X R
I C B R B R P O T C Q M A A A Y L Y W B O J A E O
V K W N O D R L L G T N M N G Y A M G N E R B S N
E B G B D K C A A B A O C O H T V N O O Q O Y A A
W O N B Y B I A B S R H L P Y B O I C C L Z M F R
N N O O Y N T M J H M O O Y A I T A O E L O T A Y
G E I T T A A S C X I R C C T A L L C E S T C H V
I X T A I I M A K B O Y T U L I L E G R M T Y E A
N T P N V B O L N L C E L I M A N A E D T Y O X L
E T R Y A I R P H L R O M E G D M U E R T Q Z R G
B E O E C H H C I I V I N E E E Q T M R O N T N A
J T S N P P C C A E S T N M D Z L J S M O S F F E
M I B E O M R M A S A T I E K K Z G G Y O B I W Y
E S A R L A C P A R K C P L A N K T O N L C R O N
T A M G L W P P Y R A M I D E C N A L A B A M A N
S R E Y E E Q Y M L A D A P T A T I O N P F T D G
Y A N R N L O R E T S E L O H C A N A T O M Y A L
S P L D O E H T A E R B N O I T C A R T N O C L C
O P A R F B B R R E M B R Y O R A T R O P H Y N X
C G T L M T I C H R O M O S O M E N B N X T V Q K
E R N O I T A C I F I S S A L C B Q Z B I O M E X
```

Absorption	Analogue	Atrophy	Bisect	Cholesterol	Control	Energy
Achromatic	Anatomy	Auditory	Botany	Chromatic	Coronary	Enzyme
Adaptation	Ancestor	Backbone	Branch	Chromosome	Cyclic	Erosion
Aerobic	Antibody	Bacteria	Breathe	Cilia	Ecology	Evolution
Algae	Appendage	Balance	Carnivorous	Classification	Ecosystem	Parasite
Alimentary	Aquatic	Barrier	Catalyst	Cohesive	Ectoplasm	Plankton
Allergy	Arboreal	Benign	Cavity	Collagen	Edema	Plasma
Amoeba	Asexual	Biology	Cell	Community	Embryo	Pollen
Amphibian	Assimilation	Biome	Chlorophyll	Contraction	Endemic	Pyramid

WORD SEARCH 93

Find the words in the grid. Words can go horizontally, vertically and diagonally in all eight directions.

T Z C A R N I V O R O U S N K N W E C O L O G Y F

F P Y R A M I D C I T A U Q A O Y Q H Y T H Y B C

Z R K T A R E C T O P L A S M I W L T N Q G T I N

Z O K Y F U M T C O N V O L U T I O N L O F T Y G

A T Y R B W D E H T A E R B R P L N N L T A L M I

Y E G A A M N I P O R T I O N R R E O G M L A Y N

R I R N C A N A T O M Y M Z N O A I D O L N U T E

F N E O K K A T R O P H Y H A S B N R E O W X I B

L M N R B C N E G O R T S E I B C H C I M A E V P

D A E O O I T T P L G Y N T B A C H T E L A S A L

E B E C N R C Y G R E L L A I A L A R I S C A C A

R C Z R E M O S O M O R H C H Z L O M O I T R Y T

E I C M O P G B X N M E B N P I K E R L M N O N E

G L C L O B A J O M P R E K M P N E C T O A O R L

N I R L J C R I M I A U Q I A T X Y J I N T T T E

A A L E T C T A D N G B S H A T C A S A K O W I T

D E L E I U L E C O J S F R I C P O C N N L C R C

N T R B L R R H L G A V Y N O P R O A T B I O M E

E I S O Z M R A H M Z B C H E E L L L I K T P R Z

A P V Y I V N A C K M T E N B L P Z G B B V L Z E

H E V S L A M H B Z C S D O A I Q W A O O P A W M

A D A P T A T I O N I A R G M G S R E D T X S T B

J P Z V W F T G K V G R E T Q A N E W Y A F M C R

C I M E D N E A E E D N P L V G Y F C N N B A Y Y

E M Y Z N E L Z C K L J E C N A L A B T Y G N R O

Absorption	Anatomy	Backbone	Breathe	Control	Energy	Pollen
Achromatic	Ancestor	Bacteria	Carnivorous	Convolution	Enzyme	Portion
Adaptation	Antibody	Balance	Catalyst	Coronary	Epidermis	Protein
Aerobic	Appendage	Barrier	Cavity	Cyclic	Erosion	Pyramid
Algae	Aquatic	Benign	Cell	Ecology	Estrogen	
Alimentary	Arboreal	Biology	Chromatic	Ectoplasm	Evolution	
Allergy	Asexual	Biome	Chromosome	Edema	Extinct	
Amoeba	Assimilation	Bisect	Cilia	Embryo	Plankton	
Amphibian	Atrophy	Botany	Cohesive	Endangered	Plasma	
Analogue	Auditory	Branch	Collagen	Endemic	Platelet	

WORD SEARCH 94

Find the words in the grid. Words can go horizontally, vertically and diagonally in all eight directions.

```
N L B M K D C A Y V A I L I C V Q B A N A T O M Y
C K A J L T G G B M W Q L T N O I T C A R T N O C
J H N E R R O R E E C O R O N A R Y B I O M E V O
G R R M R L K T T H O H E A D A P T A T I O N T L
W B N O O O S H R A K M E C N A L A B J N Y F H L
B T I I M Y B O R B U N A A O P Y Z P K T R C N A
A X B S S O M R A E O D L Q N L N R M L Q B V O G
C T L O E A S C A I I I I L M C O M N X J M Y I E
K K C K T C T O T X M R T T O R E G P P Q E D T N
B E Q I G E T A M E X N R S O R L S Y F B C A P R
O M C F R L L E N E Y J P A Y R T L T R R O N R F
N Y C I F I U T Z C T Y E A B L Y N A O C M T O E
E Z A K M G A C W A I A R M F N A N O I R M I S L
M N X I O R N H B R V L M S G W C T T C R U B B B
P E S L Y E A O V N A G E A W H D A A T H N O A A
H S A L R C I L L I C A A L L D M P R C K I D H C
A N L G R T B E A V J E B P E O P H A N N T Y M I
A E N Q Y O I S U O R D L D R E C Z W E D Y M N N
C N G B G P H T X R W N E H N I D I M A R Y P K U
D D I O R L P E E O L M C D L E V I S E H O C K M
L E N T E A M R S U A A A C A T R O P H Y Y B L M
X M E A N S A O A S T G Y C I T A U Q A P M Q I O
D I B N E M W L J Q E C Y G R E L L A F V X T K C
L C V Y N O I T A C I F I S S A L C N O I T R O P
N O I S O R E E H T A E R B C H L O R O P H Y L L
```

Absorption	Analogue	Atrophy	Bisect	Cholesterol	Contraction	Endemic
Achromatic	Anatomy	Auditory	Botany	Chromatic	Control	Energy
Adaptation	Ancestor	Backbone	Branch	Chromosome	Coronary	Enzyme
Aerobic	Antibody	Bacteria	Breathe	Cilia	Cyclic	Erosion
Algae	Appendage	Balance	Carnivorous	Classification	Ecology	Permeable
Alimentary	Aquatic	Barrier	Catalyst	Cohesive	Ecosystem	Plasma
Allergy	Arboreal	Benign	Cavity	Collagen	Ectoplasm	Portion
Amoeba	Asexual	Biology	Cell	Communicable	Edema	Pyramid
Amphibian	Assimilation	Biome	Chlorophyll	Community	Embryo	

WORD SEARCH 95

Find the words in the grid. Words can go horizontally, vertically and diagonally in all eight directions.

```
N C E L L T W P Y P Y C N A A B E V O L U T I O N
C F E B K P L G B G A O K N L J C I T A U Q A M N
H T M N D X O A O L I P C T G C N E G O R T S E A
O S Y H L L C L I T V H J I A E C T O P L A S M I
L Y Z F O T O M A N R V R B E C Y C L I C N N C B
E L N C E I E L Y O T C E O L B X V T T D K O M I
S A E R B N I T M P O U Z D Y G R E L L A C I N H
T T I M T M I O K N G L N Y R C D Y M T H Y T G P
E A P A I V S Y T O K E X T I N C T C R W T P I M
R C R S A O B R L M Q C I M R E H T O X E I R N A
O Y S C M R O A D A P T A T I O N M B T M N O E L
L A Y E A L N Z N K N E C N A L A B L W B U S B A
R P V N P A T R O P H Y C L H T N A A C R M B P I
B L C C O N T R A C T I O N I N W Q U W Y M A L T
O H T V Q S C T Z H T R A C R P O A X D O O P A N
T C X H L I U N M A J P B A V T Y I E Y I C R S E
A B F A M R E O M L P R A K N E L R S R G T T M S
N J I E B G E O R E Z P C R V C V A A O O R O A S
Y M D S A E R I N O O H K E A C E I E M R B E R E
K N R L E H O D R L V J B F D S I S S R I E I N Y
E K L B C C A M L R B I O M E E I L T E O D L C E
Y O X A F G T E A W A R N F Y N M T I O H B P T N
C D E R E G N A D N E B E R M B J A E A R O R V P
X N L L Y H P O R O L H C Z A A N A T O M Y C A P
P R E S S U R E E H T A E R B C O R O N A R Y H N
```

Absorption	Anatomy	Backbone	Breathe	Cohesive	Embryo	Extinct
Achromatic	Ancestor	Bacteria	Carnivorous	Collagen	Endangered	Parasite
Adaptation	Antibody	Balance	Catalyst	Community	Endemic	Plasma
Aerobic	Appendage	Barrier	Cavity	Contraction	Energy	Pollen
Algae	Aquatic	Benign	Cell	Control	Enzyme	Pressure
Alimentary	Arboreal	Biology	Chlorophyll	Coronary	Erosion	Pyramid
Allergy	Asexual	Biome	Cholesterol	Cyclic	Essential	
Amoeba	Assimilation	Bisect	Chromatic	Ecology	Estrogen	
Amphibian	Atrophy	Botany	Chromosome	Ectoplasm	Evolution	
Analogue	Auditory	Branch	Cilia	Edema	Exothermic	

WORD SEARCH 96

Find the words in the grid. Words can go horizontally, vertically and diagonally in all eight directions.

M E T S Y S O C E A Y A M S A L P L T C N I T X E
V X P M C C E L L T U A N A T O M Y A O D Y L G X
B I O M E H T Z I K V D M O R Z Q N I E B C C M C
Y T M H P M L V C R R Y I C I T Y T E A R Y G N M
P O L L E N A O L V G E H T D T A T C N C O A X A
L Q K G D C L W R O A R I M O L U T I L D P B L Q
E C I T A U Q A L O O I C R I R E L I N P E I R C
V N N J C B A O S M P I L M R R Y C O E U M M E A
I O T A F O I B A U T H I I I A V X N V E M M I N
S I Q P E B N T E A O S Y A C E B D L N N B M I C
E T T W K R I T M O S R K L U M A L T K R O E O T
H A A N T C O O R A M B O G L G M A G Y B T C T C
O C E N V Z R B A A R A O V E Q R U O Y O S Q Z C
C I N G C H B M I A C L N X I Y R X V R T Y C R D
P F Z B C E E I N C A T A M R N X E P N A L H D B
L I Y A W D S C S N M L I R H Q R S Q O N A O R A
A S M D E Q H T A E O C B O Z G C A E I Y T L K C
N S E K J B M C O R C T I T N Z O T C T N A E N K
T A T R O P H Y T R J T H A O A R X O P Y C S G B
I L V P Z K M N T R L W P D I L O F L R G P T I O
B C C G E R O S I O N M M E T G N K O O R F E N N
O D N M E C N A L A B Z A R R A A L G S E P R E E
D E M O S O M O R H C G M P O E R R Y B N K O B W
Y X V K C O L L A G E N X V P R Y Z K A E M L V C
H Y G R E L L A A D A P T A T I O N E H T A E R B

Absorption	Analogue	Atrophy	Bisect	Cholesterol	Control	Energy
Achromatic	Anatomy	Auditory	Botany	Chromatic	Convolution	Enzyme
Adaptation	Ancestor	Backbone	Branch	Chromosome	Coronary	Erosion
Aerobic	Antibody	Bacteria	Breathe	Cilia	Cyclic	Extinct
Algae	Appendage	Balance	Carnivorous	Classification	Ecology	Plasma
Alimentary	Aquatic	Barrier	Catalyst	Cohesive	Ecosystem	Pollen
Allergy	Arboreal	Benign	Cavity	Collagen	Edema	Portion
Amoeba	Asexual	Biology	Cell	Community	Embryo	Predator
Amphibian	Assimilation	Biome	Chlorophyll	Contraction	Endemic	Protein

WORD SEARCH 97

Find the words in the grid. Words can go horizontally, vertically and diagonally in all eight directions.

```
K E N Z Y M E H S U O R O V I N R A C T G K C C W
A E N D A N G E R E D A A N A T O M Y V X T O I P
P S A U D I T O R Y P P R O T E I N T L E M R M R
N C S F M E C T O P L A S M R V C E C A X C O E O
M E I I P L A T E L E T N B T E P G H U T I N D D
T F G L M L L N B Y N C K G C F I O M X I L A N U
G S L A I I D N R X O A Y Q J G T R R E N C R E C
O W Y D L A L L L N I L B I O M E T R S C Y Y I E
A Y Y L G L L A T N T G L L G T F S Z A T C T M R
Q E R E A E O R T A P A X Q A P L E C Y B A V N C
L E R B C T O C N I R E Y G R E L L A P M B C G L
F P C O M L A Z X B O N R M J H R L M O L A O I X
B H T O B E B C B I S N V A T B O O R V E C H N K
B Z K G L I L A V H B G N J N R I H B U N K E E Y
A A G E Q O C N B P A W A O E C C S G R K B S B T
N J B C R T G R N M M L N T I A E O E Y A O I Y I
T J K E E O A Y R A I Q S Y X T L S H C T N V Z V
I X Z R O N S N P M Y E G P P A R P T E T E E M A
B T I K C M O I E G L R M L N Z O O D O X X K B C
O A B H Z T A N O O E V A A W R H E P Y R A M I D
D Z O J K J T L H N Z S T G T M M E H T A E R B P
Y G T N X A O C E R M Q W A M A C I T A U Q A N J
K C A Z R I C A D A P T A T I O N Q K N E L L O P
P L N Y B C H R O M A T I C C H L O R O P H Y L L
P Z Y R M T X E C N A L A B L Y T I N U M M O C P
```

Absorption	Anatomy	Backbone	Breathe	Collagen	Endemic	Portion
Achromatic	Ancestor	Bacteria	Carnivorous	Community	Energy	Producer
Adaptation	Antibody	Balance	Catalyst	Control	Enzyme	Protein
Aerobic	Appendage	Barrier	Cavity	Coronary	Erosion	Pyramid
Algae	Aquatic	Benign	Cell	Cyclic	Estrogen	
Alimentary	Arboreal	Biology	Chlorophyll	Ecology	Extinct	
Allergy	Asexual	Biome	Cholesterol	Ectoplasm	Plankton	
Amoeba	Assimilation	Bisect	Chromatic	Edema	Plasma	
Amphibian	Atrophy	Botany	Cilia	Embryo	Platelet	
Analogue	Auditory	Branch	Cohesive	Endangered	Pollen	

WORD SEARCH 98

Find the words in the grid. Words can go horizontally, vertically and diagonally in all eight directions.

L A M N O T K N A L P A L J J C B E N L E Z N P C
C G U T H P X E C N A L A B L R N E O U D T T Y O
X W B D O T J F Y J Y G Y F A E G R G C B A C R N
C H A L I J P G M H N A G N R O T O A A L I C A T
R A L E P T O T P R O E C G R N L T C I T P H M R
A E R K R L O O G E I H Y T O A A T M A L M R I A
N B K N O O R R A M T X S C N L E E M A T N O D C
T O D I I O B P Y B P E N A Y R N O S B D G M N T
I T B V L V P I V R R N L S I T R M T X B I A A I
B A M H A E O Q C Y O V T A A H A R P R C N T I O
O N C D N N W R G O S T J R C Y R R P G V E I B N
D Y J D L L C M O V B E Y A Y G R E L L A B C I B
Y G A Q A L C E R U A Y N L A I T N E S S E Z H A
N G E M U E B L S E S O G Z A N O I T U L L O P C
E E C E X C M I L T I A C O Y E A T R O P H Y M K
E P O N E W G T S T O R B T L M R P R E M F D A B
M I S D S R Z Z A E Q R R E R O E O W N D B G J O
O D Y E A G T L T L C Y Z A O M C W B N D E R L N
S E S M G M I V L P M T T M B M K E K R M K M J E
O R T I N M D C O M M U N I T Y A C I T A U Q A L
M M E C I E H T A E R B M P V C T W A I L I C C R
O I M S A D A P T A T I O N F A Y R A N O R O C M
R S S D C Y C L I C D B I O M E C O L L A G E N R
H A C O H E S I V E P N R A N A T O M Y R P N P F
C D W C L C H O L E S T E R O L M S A L P O T C E

Absorption	Analogue	Atrophy	Bisect	Cholesterol	Coronary	Enzyme
Achromatic	Anatomy	Auditory	Botany	Chromatic	Cyclic	Epidermis
Adaptation	Ancestor	Backbone	Branch	Chromosome	Ecology	Essential
Aerobic	Antibody	Bacteria	Breathe	Cilia	Ecosystem	Estrogen
Algae	Appendage	Balance	Carnivorous	Cohesive	Ectoplasm	Plankton
Alimentary	Aquatic	Barrier	Catalyst	Collagen	Edema	Plasma
Allergy	Arboreal	Benign	Cavity	Community	Embryo	Pollen
Amoeba	Asexual	Biology	Cell	Contraction	Endemic	Pollution
Amphibian	Assimilation	Biome	Chlorophyll	Control	Energy	Pyramid

WORD SEARCH 99

Find the words in the grid. Words can go horizontally, vertically and diagonally in all eight directions.

```
S E N D E M I C K X B C I T A U Q A H Y G R E N E
I N C N H C L J B N O I T A C I F I S S A L C W Y
M E O O R L O A L Z T Q L L Y B I O M E Z C B G D
R L M I P A C L J L A F O E H T A E R B B B O Y A
E L M T A T M P O L N C R V C Y C L I C R L R P M
D O U P E U F E I G Y Y E Y N B G J Y A O A P T Z
I P N R P R D M D Q Y T T D A A G D N I N E N L E
P Y I O K L E I X E V I S E I C C C B O N E L U C
E A T S K N B N T B L V E R B K H F R D M E G Y A
C H Y B T D L I Z O X A L E I B R O A N C O L K R
L H H A P S R A S Y R C O G H O C G O T L N C V N
C O R T A P Y E E E M Y H N P N E R R A O B I N I
O Y R O A N A L I R C E C A M E I D N I C E T O V
M P L T M B C E A R O T N D A V P A T I C A A I O
M M R C N O E E R T R B N N N H H A T O E N M T R
U K H Z G O S O S O A A R E P C L A S V E T O C O
N G M P I G C O M T B C B A L I M Y I R T I R A U
I N H C N L T X M A O I F Y M O S S O L A B H R S
C Y G R E L L A N E L R C I R T E S X A L O C T T
A D X M B L L K B B K I S H E H I R Q U G D B N C
B E C N A L A B T M L S C M O O L G L X A Y G O N
L L D N W Z M Z P I A A L C N R H T L E E P Z C I
E K X D Q R A D A P T A T I O N P R E S S U R E T
G Z A T R O P H Y E M B R Y O L N E G A L L O C X
R V Q A N A T O M Y M T C H L O R O P H Y L L W E
```

Absorption	Analogue	Atrophy	Bisect	Cholesterol	Contraction	Endemic
Achromatic	Anatomy	Auditory	Botany	Chromatic	Control	Energy
Adaptation	Ancestor	Backbone	Branch	Chromosome	Coronary	Environment
Aerobic	Antibody	Bacteria	Breathe	Cilia	Cyclic	Enzyme
Algae	Appendage	Balance	Carnivorous	Classification	Ecology	Epidermis
Alimentary	Aquatic	Barrier	Catalyst	Cohesive	Ecosystem	Erosion
Allergy	Arboreal	Benign	Cavity	Collagen	Edema	Extinct
Amoeba	Asexual	Biology	Cell	Communicable	Embryo	Pollen
Amphibian	Assimilation	Biome	Chlorophyll	Community	Endangered	Pressure

WORD SEARCH 100

Find the words in the grid. Words can go horizontally, vertically and diagonally in all eight directions.

```
E M O S O M O R H C L W C H R O M A T I C N W M F
N T D A T R O P H Y V N W Y K A N A T O M Y X N J
E C M B P O L L E N E T G A D A P T A T I O N E L
G N K O T L J M C U B O L C B P O Y R B M E D G L
A I F T L A C A G I L I C K A B L E V I S E H O C
L T V A W M W O B O M I T E L E T A L P M M X H N
L X G N L S L P I E L E N H G Y C I T A U Q A T J
O E G Y Z A W B N C O O D Q A T T Y E C N A L A B
C A N D N L Y T Y N I M Y N E Q N S Z B P C C P K
L N G A D P A C K T Q E A K E Y R B Y P B I Y B P
A T I C G R N N A T L M Y G R E L L A L T L A R A
U I N H Y J O L K L L Y J B I O M E N A A C O P P
X B E O L M I W E N N Z K L K P L T M T T T P D N
E O B L A M T C B T R N A Q M K J O Y E E E A C L
S D N E I D P F A N Z E C U W A R B R I N J O C B
A Y Q S T M R Y C A D T G M D H E I N D W N R R D
E P S T N H O G K I A N N R C I A R A C T T A Y E
C A Y E E F S R B B L N Y A E N T G O R I N N T C
T R K R S G B E O I I A C R E I E O O B C L O I O
O A R O S K A N N H M S E E A C R L R H I H I V S
P S V L E Q M E E P K Y E R S N O R F Y M C S A Y
L I C Y T I N U M M O C K C O T O L A Z P Q O C S
A T E H T A E R B A N R M D T B O R O B V L R L T
S E P G L L Y H P O R O L H C W R R O G D W E N E
M C A R N I V O R O U S T M G T D A Z C Y J N L M
```

Absorption	Analogue	Atrophy	Bisect	Cholesterol	Cyclic	Erosion
Achromatic	Anatomy	Auditory	Botany	Chromatic	Ecology	Essential
Adaptation	Ancestor	Backbone	Branch	Chromosome	Ecosystem	Extinct
Aerobic	Antibody	Bacteria	Breathe	Cilia	Ectoplasm	Parasite
Algae	Appendage	Balance	Carnivorous	Cohesive	Edema	Pathogen
Alimentary	Aquatic	Barrier	Catalyst	Collagen	Embryo	Plasma
Allergy	Arboreal	Benign	Cavity	Community	Endemic	Platelet
Amoeba	Asexual	Biology	Cell	Control	Energy	Pollen
Amphibian	Assimilation	Biome	Chlorophyll	Coronary	Enzyme	Protein

SOLUTION

WORD SEARCH 91

L Y G R E L L A M H A P V B N E K Y C Y C L I C T
H B P K Q E C N A L A B N V N K N A N L D I L K W
J C H L O R O P H Y L L E Z T B O N N T E E L Q N
R P A D A P T A T I O N Y O C O I O Y C R C O I B
J E R L V B D A N R H M K A M T T I G N E O R X A
N B I O M E I R M B E Q Y N W A P T R I G S E K C
Z T J R T F M S A S Z D O T F N R U E T N Y T C I
H E S K R H A C E A A I H I Y Y O L N X A S S O M
N M V Y M A T U L C T L V B T R S L E E D T E H R
G B M T L E B I D A T J P O I O B O A P N E L E E
I R G Y R A M L L I K R R D V T A P L E E M O S H
N Y K I D E T I J L T M J Y A A G N L C R N H I T
E O A A N X M A N A T O M Y C D Q L N T B O C V O
B M L T E I B L C U C K R O R E K A A O A I B E X
K W A D S R L T Y X M I N Y C R F F I P C S C R E
J R B S A L O R B E W T M I Q P M P B L K O O Q A
Y N A N L N A B T S R M T E E O P Y I A B R N A P
C J C L H N N Y I A N A U N D A P Y H S O E T M R
R H L B O I G R C C M O D G T N P R P M N N R E O
H E D R E O N T K O O A F H P H E L M R E R O D D
C B O T L L I K R L G L O Q M C I T A U Q A L E U
N C O O R O G H A E X G L L S U O R O V I N R A C
Y R I Z N Y C N Q R E A H M A T R O P H Y L V Q E
P B L Z V A A W V N K E L C I T A M O R H C H W R
F C O L L A G E N R E H T A E R B E C O L O G Y F

WORD SEARCH 92

C N C A R N I V O R O U S Q D A Z E D C L G M R W
O M E O A B K R C I T A U Q A R U T C L Y L T L G
H W R C N R I J Y G R E L L A G C D E I L N M A C
E B Q E T T K S Q C B K W M O I B C I T L K C U O
S A P J I O R R E N W Q L L T R P L A T V I R X R
I C B R B R P O T C Q M A A A Y L Y W B O J A E O
V K W N O D R L L G T N M N G Y A M G N E R B S N
E B G B D K C A A B A O C O H T V N O O Q O Y A A
W O N B Y B I A B S R H L P Y B O I C C L Z M F R
N N O O Y N T M J H M O O Y A I T A O E L O T A Y
G E I T T A A S C X I R C C T A L L C E S T C H V
I X T A I I M A K B O Y T U L I L E G R M T Y E A
N T P N V B O L N L C E L I M A N A E D T Y O X L
E T R Y A I R P H L R O M E G D M U E R T Q Z R G
B E O E C H H C I I V I N E E E Q T M R O N T N A
J T S N P P C C A E S T N M D Z L J S M O S F F E
M I B E O M R M A S A T I E K K Z G G Y O B I W Y
E S A R L A C P A R K C P L A N K T O N L C R O N
T A M G L W P P Y R A M I D E C N A L A B A M A N
S R E Y E E Q Y M L A D A P T A T I O N P F T D G
Y A N R N L O R E T S E L O H C A N A T O M Y A L
S P L D O E H T A E R B N O I T C A R T N O C L C
O P A R F B B R R E M B R Y O R A T R O P H Y N X
C G T L M T I C H R O M O S O M E N B N X T V Q K
E R N O I T A C I F I S S A L C B Q Z B I O M E X

WORD SEARCH 93

T Z C A R N I V O R O U S N K N W E C O L O G Y F

F P Y R A M I D C I T A U Q A O Y Q H Y T H Y B C

Z R K T A R E C T O P L A S M I W L T N Q G T I N

Z O K Y F U M T C O N V O L U T I O N L O F T Y G

A T Y R B W D E H T A E R B R P L N N L T A L M I

Y E G A A M N I P O R T I O N R R E O G M L A Y N

R I R N C A N A T O M Y M Z N O A I D O L N U T E

F N E O K K A T R O P H Y H A S B N R E O W X I B

L M N R B C N E G O R T S E I B C H C I M A E V P

D A E O O I T T P L G Y N T B A C H T E L A S A L

E B E C N R C Y G R E L L A I A L A R I S C A C A

R C Z R E M O S O M O R H C H Z L O M O I T R Y T

E I C M O P G B X N M E B N P I K E R L M N O N E

G L C L O B A J O M F R E K M P N E C T O A O R L

N I R L J C R I M I A U Q I A T X Y J I N T T T E

A A L E T C T A D N G B S H A T C A S A K O W I T

D E L E I U L E C O J S F R I C P O C N N L C R C

N T R B L R R H L G A V Y N O P R O A T B I O M E

E I S O Z M R A H M Z B C H E E L L L I K T P R Z

A P V Y I V N A C K M T E N B L P Z G B B V L Z E

H E V S L A M H B Z C S D O A I Q W A O O P A W M

A D A P T A T I O N I A R G M G S R E D T X S T B

J P Z V W F T G K V G R E T Q A N E W Y A F M C R

C I M E D N E A E E D N P L V G Y F C N N B A Y Y

E M Y Z N E L Z C K L J E C N A L A B T Y G N R O

WORD SEARCH 94

N L B M K D C A Y V A I L I C V Q B A N A T O M Y

C K A J L T G G B M W Q L T N O I T C A R T N O C

J H N E R R O R E E C O R O N A R Y B I O M E V O

G R R M R L K T T H O H E A D A P T A T I O N T L

W B N O O O S H R A K M E C N A L A B J N Y F H L

B T I I M Y B O R B U N A A O P Y Z P K T R C N A

A X B S S O M R A E O D L Q N L N R M L Q B V O G

C T L O E A S C A I I I I L M C O M N X J M Y I E

K K C K T C T O T X M R T T O R E G P P Q E D T N

B E Q I G E T A M E X N R S O R L S Y F B C A P R

O M C F R L L E N E Y J P A Y R T L T R R O N R F

N Y C I F I U T Z C T Y E A B L Y N A O C M T O E

E Z A K M G A C W A I A R M F N A N O I R M I S L

M N X I O R N H B R V L M S G W C T T C R U B B B

P E S L Y E A O V N A G E A W H D A A T H N O A A

H S A L R C I L L I C A A L L D M P R C K I D H C

A N L G R T B E A V J E B P E O P H A N N T Y M I

A E N Q Y O I S U O R D L D R E C Z W E D Y M N N

C N G B G P H T X R W N E H N I D I M A R Y P K U

D D I O R L F E E O L M C D L E V I S E H O C K M

L E N T E A M R S U A A A C A T R O P H Y Y B L M

X M E A N S A O A S T G Y C I T A U Q A P M Q I O

D I B N E M W L J Q E C Y G R E L L A F V X T K C

L C V Y N O I T A C I F I S S A L C N O I T R O P

N O I S O R E E H T A E R B C H L O R O P H Y L L

WORD SEARCH 95

```
N C E L L T W P Y P Y C N A A B E V O L U T I O N
C F E B K P L G B G A O K N L J C I T A U Q A M N
H T M N D X O A O L I P C T G C N E G O R T S E A
O S Y H L L C L I T V H J I A E C T O P L A S M I
L Y Z F O T O M A N R V R B E C Y C L I C N N C B
E L N C E I E L Y O T C E O L B X V T T D K O M I
S A E R B N I T M P O U Z D Y G R E L L A C I N H
T T I M T M I O K N G L N Y R C D Y M T H Y T G P
E A P A I V S Y T O K E X T I N C T C R W T P I M
R C R S A O B R L M Q C I M R E H T O X E I R N A
O Y S C M R O A D A P T A T I O N M B T M N O E L
L A Y E A L N Z N K N E C N A L A B L W B U S B A
R P V N P A T R O P H Y C L H T N A A C R M B P I
B L C C O N T R A C T I O N I N W Q U W Y M A L T
O H T V Q S C T Z H T R A C R P O A X D O O P A N
T C X H L I U N M A J P B A V T Y I E Y I C R S E
A B F A M R E O M L F R A K N E L R S R G T T M S
N J I E B G E O R E Z P C R V C V A A O O R O A S
Y M D S A E R I N O O H K E A C E I E M R B E R E
K N R L E H O D R L V J B F D S I S S R I E I N Y
E K L B C C A M L R B I O M E E I L T E O D L C E
Y O X A F G T E A W A R N F Y N M T I O H B P T N
C D E R E G N A D N E B E R M B J A E A R O R V P
X N L L Y H P O R O L H C Z A A N A T O M Y C A P
P R E S S U R E E H T A E R B C O R O N A R Y H N
```

WORD SEARCH 96

```
M E T S Y S O C E A Y A M S A L P L T C N I T X E
V X P M C C E L L T U A N A T O M Y A O D Y L G X
B I O M E H T Z I K V D M O R Z Q N I E B C C M C
Y T M H P M L V C R R Y I C I T Y T E A R Y G N M
P O L L E N A O L V G E H T D T A T C N C O A X A
L Q K G D C L W R O A R I M O L U T I L D P B L Q
E C I T A U Q A L O O I C R I R E L I N F E I R C
V N N J C B A O S M P I L M R R Y C O E U M M E A
I O T A F O I B A U T H I I I A V X N V E M M I N
S I Q P E B N T E A O S Y A C E B D L N N B M I C
E T T W K R I T M O S R K L U M A L T K R O E O T
H A A N T C O O R A M B O G L G M A G Y B T C T C
O C E N V Z R B A A R A O V E Q R U O Y O S Q Z C
C I N G C H B M I A C L N X I Y R X V R T Y C R D
P F Z B C E E I N C A T A M R N X E P N A L H D B
L I Y A W D S C S N M L I R H Q R S Q O N A O R A
A S M D E Q H T A E O C B O Z G C A E I Y T L K C
N S E K J B M C O R C T I T N Z O T C T N A E N K
T A T R O P H Y T R J T H A O A R X O P Y C S G B
I L V P Z K M N T R L W P D I L O F L R G P T I O
B C C G E R O S I O N M M E T G N K O O R F E N N
O D N M E C N A L A B Z A R R A A L G S E P R E E
D E M O S O M O R H C G M P O E R R Y B N K O B W
Y X V K C O L L A G E N X V P R Y Z K A E M L V C
H Y G R E L L A A D A P T A T I O N E H T A E R B
```

WORD SEARCH 97

K E N Z Y M E H S U O R O V I N R A C T G K C C W

A E N D A N G E R E D A A N A T O M Y V X T O I P

P S A U D I T O R Y P P R O T E I N T L E M R M R

N C S F M E C T O P L A S M R V C E C A X C O E O

M E I I P L A T E L E T N B T E P G H U T I N D D

T F G L M L L N B Y N C K G C F I O M X I L A N U

G S L A I I D N R X O A Y Q J G T R R E N C R E C

O W Y D L A L L L N I L B I O M E T R S C Y Y I E

A Y Y L G L L A T N T G L L G T F S Z A T C T M R

Q E R E A E O R T A P A X Q A P L E C Y B A V N C

L E R B C T O C N I R E Y G R E L L A P M B C G L

F P C O M L A Z X B O N R M J H R L M O L A O I X

B H T O B E B C B I S N V A T B O O R V E C H N K

B Z K G L I L A V H B G N J N R I H B U N K E E Y

A A G E Q O C N B P A W A O E C C S G R K B S B T

N J B C R T G R N M M L N T I A E O E Y A O I Y I

T J K E E O A Y R A I Q S Y X T L S H C T N V Z V

I X Z R O N S N P M Y E G P P A R P T E T E E M A

B T I K C M O I E G L R M L N Z O O D O X X K B C

O A B H Z T A N O O E V A A W R H E P Y R A M I D

D Z O J K J T L H N Z S T G T M M E H T A E R B P

Y G T N X A O C E R M Q W A M A C I T A U Q A N J

K C A Z R I C A D A P T A T I O N Q K N E L L O P

P L N Y B C H R O M A T I C C H L O R O P H Y L L

P Z Y R M T X E C N A L A B L Y T I N U M M O C P

WORD SEARCH 98

```
L A M N O T K N A L P A L J J C B E N L E Z N P C
C G U T H P X E C N A L A B L R N E O U D T T Y O
X W B D O T J F Y J Y G Y F A E G R G C B A C R N
C H A L I J P G M H N A G N R O T O A A L I C A T
R A L E P T O T F R O E C G R N L T C I T P H M R
A E R K R L O O G E I H Y T O A A T M A L M R I A
N B K N O O R R A M T X S C N L E E M A T N O D C
T O D I I O B P Y B P E N A Y R N O S B D G M N T
I T B V L V F I V R R N L S I T R M T X B I A A I
B A M H A E O Q C Y O V T A A H A R P R C N T I O
O N C D N N W R G O S T J R C Y R R P G V E I B N
D Y J D L L C M O V B E Y A Y G R E L L A B C I B
Y G A Q A L C E R U A Y N L A I T N E S S E Z H A
N G E M U E B L S E S O G Z A N O I T U L L O P C
E E C E X C M I L T I A C O Y E A T R O P H Y M K
E P O N E W G T S T O R B T L M R P R E M F D A B
M I S D S R Z Z A E Q R R E R O E O W N D B G J O
O D Y E A G T L T L C Y Z A O M C W B N D E R L N
S E S M G M I V L P M T T M B M K E K R M K M J E
O R T I N M D C O M M U N I T Y A C I T A U Q A L
M M E C I E H T A E R B M P V C T W A I L I C C R
O I M S A D A P T A T I O N F A Y R A N O R O C M
R S S D C Y C L I C D B I O M E C O L L A G E N R
H A C O H E S I V E P N R A N A T O M Y R P N P F
C D W C L C H O L E S T E R O L M S A L P O T C E
```

WORD SEARCH 99

```
S E N D E M I C K X B C I T A U Q A H Y G R E N E
I N C N H C L J B N O I T A C I F I S S A L C W Y
M E O O R L O A L Z T Q L L Y B I O M E Z C B G D
R L M I P A C L J L A F O E H T A E R B B B O Y A
E L M T A T M P O L N C R V C Y C L I C R L R P M
D O U P E U F E I G Y Y E Y N B G J Y A O A P T Z
I P N R P R D M D Q Y T T D A A G D N I N E N L E
P Y I O K L E I X E V I S E I C C C B O N E L U C
E A T S K N B N T B L V E R B K H F R D M E G Y A
C H Y B T D L I Z O X A L E I B R O A N C O L K R
L H H A P S R A S Y R C O G H O C G O T L N C V N
C O R T A P Y E E E M Y H N P N E R R A O B I N I
O Y R O A N A L I R C E C A M E I D N I C E T O V
M P L T M B C E A R O T N D A V P A T I C A A I O
M M R C N O E E R T R B N N N H H A T O E N M T R
U K H Z G O S O S O A A R E P C L A S V E T O C O
N G M P I G C O M T B C B A L I M Y I R T I R A U
I N H C N L T X M A O I F Y M O S S O L A B H R S
C Y G R E L L A N E L R C I R T E S X A L O C T T
A D X M B L L K B B K I S H E H I R Q U G D B N C
B E C N A L A B T M L S C M O O L G L X A Y G O N
L L D N W Z M Z P I A A L C N R H T L E E P Z C I
E K X D Q R A D A P T A T I O N P R E S S U R E T
G Z A T R O P H Y E M B R Y O L N E G A L L O C X
R V Q A N A T O M Y M T C H L O R O P H Y L L W E
```

WORD SEARCH 100

E M O S O M O R H C L W C H R O M A T I C N W M F

N T D A T R O P H Y V N W Y K A N A T O M Y X N J

E C M B P O L L E N E T G A D A P T A T I O N E L

G N K O T L J M C U B O L C B P O Y R B M E D G L

A I F T L A C A G I L I C K A B L E V I S E H O C

L T V A W M W O B O M I T E L E T A L P M M X H N

L X G N L S L P I E L E N H G Y C I T A U Q A T J

O E G Y Z A W B N C O O D Q A T T Y E C N A L A B

C A N D N L Y T Y N I M Y N E Q N S Z B P C C P K

L N G A D P A C K T Q E A K E Y R B Y P B I Y B P

A T I C G R N N A T L M Y G R E L L A L T L A R A

U I N H Y J O L K L L Y J B I O M E N A A C O P P

X B E O L M I W E N N Z K L K P L T M T T T P D N

E O B L A M T C B T R N A Q M K J O Y E E E A C L

S D N E I D P F A N Z E C U W A R B R I N J O C B

A Y Q S T M R Y C A D T G M D H E I N D W N R R D

E P S T N H O G K I A N N R C I A R A C T T A Y E

C A Y E E F S R B B L N Y A E N T G O R I N N T C

T R K R S G B E O I I A C R E I E O O B C L O I O

O A R O S K A N N H M S E E A C R L R H I H I V S

P S V L E Q M E E P K Y E R S N O R F Y M C S A Y

L I C Y T I N U M M O C K C O T O L A Z P Q O C S

A T E H T A E R B A N R M D T B O R O B V L R L T

S E P G L L Y H P O R O L H C W R R O G D W E N E

M C A R N I V O R O U S T M G T D A Z C Y J N L M

www.ingramcontent.com/pod-product-compliance
Lightning Source LLC
Chambersburg PA
CBHW081022260726
48662CB00026B/2787

* 9 7 8 1 6 6 1 3 7 8 5 4 7 *